Les cahiers d'écriture

Japonais
vol.1 : kana

Catherine Garnier

Sommaire

Introduction 4-7

Écrire les kana : quelques principes 8-10

Conseils pratiques 11-12

LES HIRAGANA .... 13 - 66

1 trait 13-21	4 traits 57-61
Entraînement 1 22	Entraînement 4 62
2 traits 23-40	Classement des hiragana 63
Entraînement 2 41	Encore plus loin avec les hiragana 64
3 traits 42-55	Entraînement 5 65
Entraînement 3 56	Écrire des phrases 66

LES KATAKANA .... 67 - 122

1 trait 67-70	Entraînement 3 114
Au sujet des katakana 71-72	4 traits 115-116
2 traits 73-82	Entraînement 4 117
Entraînement 1 83	Classement des katakana 118
2 traits (suite) 84-97	Encore plus loin avec les katakana 119
Entraînement 2 98	Entraînement 5 120
3 traits 99-113	Écrire des phrases 121

Écrire à la verticale 122

L'heure du bilan 123

Un bonus pour les curieux 124-125

Solutions 126-127

Introduction

L'écriture japonaise en quelques mots

Le japonais présente la particularité d'utiliser **deux systèmes d'écriture différents** employés **simultanément** : des idéogrammes venus de Chine, les **kanji**, (environ 2 000 idéogrammes pour un usage de base ; environ 6 000 idéogrammes pour un usage normal) et un système phonétique dit **kana** « syllabaire » (chaque signe représente une syllabe) qui comporte deux parties : **les hiragana** et **les katakana** (respectivement 46 et 45 signes).

Cela vaut peut-être la peine de s'attarder un moment pour comprendre l'origine de cette situation compliquée qui rend l'accès à l'écriture et à la lecture du japonais quelque peu ardu…

Nous vous proposons pour cela un petit voyage dans le temps…

Mettons le curseur de la machine à remonter le temps au Vᵉ siècle de notre ère.

Vous êtes Japonais, vous habitez une île à bonne distance du continent et vous n'avez aucune idée de l'existence de l'écriture.

Déplaçons le curseur, et avançons vers le VIᵉ siècle.

Un embryon d'administration commence à se mettre en place dans votre pays. Écrire devient une nécessité. Sur le continent, du fait de frictions entre la puissante Chine et ses voisins coréens, quelques-uns parmi ces derniers choisissent de traverser la mer pour gagner votre pays. Or ceux-ci ont déjà appris le **système d'écriture pratiqué chez les Chinois** depuis plusieurs millénaires – système qu'ils vont vous transmettre. Comme l'écriture ne sert que pour l'administration et que celle-ci se fait en chinois, vous, qui êtes fonctionnaire, vous apprenez donc cette langue.

Déplaçons encore le curseur vers le VIIᵉ siècle.

Vous êtes très fort en chinois, mais votre épouse, qui compose des poèmes en pur japonais, voudrait bien en conserver la trace écrite. Et vous vous dites qu'après tout, vous pourriez utiliser l'écriture chinoise pour noter votre propre langue, le japonais ! Une montagne est une montagne, en Chine comme au Japon, on pourrait donc utiliser l'idéogramme 山, qui veut dire montagne et qui se prononce en chinois [shan.n'], pour écrire le mot japonais correspondant, qui se prononce **yama**.

C'est là que votre problème commence : le chinois possède très peu d'outillage grammatical, contrairement au japonais. Si vous voulez noter une phrase, il vous manque beaucoup d'éléments. Par exemple, vous souhaitez écrire :

« Il a vécu dans un village de montagne »
➜ à l'oral : **yama no mura ni kurashita**
(*montagne [relation] village [lieu] avoir vécu*),

vous aurez un caractère pour les mots *montagne*/**yama**, *village*/**mura**, *vivre*/**kurashi**, mais vous n'en aurez pas pour le reste, c'est-à-dire les éléments grammaticaux : **no, ni, ta**.

Vous vous creusez la tête et vous avez une illumination : il suffit de prendre des idéogrammes qui ont cette prononciation, sans se soucier de leur sens. Le **système du rébus**, quoi ! L'idée semble géniale, mais vous obtenez un drôle de méli-mélo : dans la même phrase des idéogrammes sont là pour leur sens, d'autres pour leur son. Et puis, par exemple, pour écrire **ni**, vous, vous choisissez un caractère, mais comme il existe plusieurs caractères qui se prononcent **ni**, vos correspondants peuvent donc en choisir d'autres. Bref, c'est la pagaille !

Mettons à présent le curseur de notre machine au IXᵉ siècle.

Entre-temps, vous avez pu réfléchir et mettre un peu d'ordre dans tout ça, en décidant d'abord quel idéogramme devait être employé pour chaque syllabe (ou au moins les limiter à deux ou trois) puis en le simplifiant. En effet, puisqu'on utilise toujours le même et qu'il devient juste un symbole phonétique, ce n'est pas la peine de s'ennuyer à l'écrire de façon exacte. **Cette simplification devient le syllabaire hiragana.** Votre épouse, reconnaissante, peut enfin noter ses poèmes en pur japonais, grâce à une écriture purement japonaise.

INTRODUCTION

idéogramme d'origine	hiragana dérivé	idéogramme d'origine	hiragana dérivé
久 (longtemps)	く (ku)	安 (paisible)	あ (a)
曽 (autrefois)	そ (so)	以 (par)	い (i)
止 (arrêter)	と (to)	衣 (vêtement)	え (e)
奈 (quoi ?)	な (na)	左 (gauche)	さ (sa)
奴 (esclave)	ぬ (nu)	太 (épais)	た (ta)
祢 (sanctuaire)	ね (ne)	波 (vagues)	は (ha)
比 (comparer)	ひ (hi)	美 (beau)	み (mi)
保 (protéger)	ほ (ho)	武 (guerrier)	む (mu)
女 (femme)	め (me)	与 (donner)	よ (yo)
呂 (échine)	ろ (ro)	留 (demeurer)	る (ru)

Ci-dessus : origine des hiragana, quelques exemples

Pendant ce temps, votre frère qui est moine, étudie dans un monastère les écrits bouddhiques « dans le texte », c'est-à-dire en chinois. Pour aider à la lecture de ces textes, les moines font quelque chose de très fort : ils les préparent de façon à pouvoir les lire directement en japonais, sans passer par une traduction. L'ensemble du vocabulaire bouddhique est chinois. Il suffit donc d'ajouter aux mots chinois les éléments grammaticaux japonais qui manquent. L'astuce est tout simplement lumineuse : on note ces éléments par des idéogrammes pris pour leur son, que l'on place tout près du caractère concerné. Très vite, on ne retient qu'un morceau reconnaissable de ce caractère (dans de rares cas une simplification du tracé). C'est ainsi que naissent les **katakana**.

Depuis il s'est passé encore beaucoup de choses... mais abrégeons et venons-en directement au XXIe siècle : aujourd'hui, vous écrivez (ou tapez sur votre ordinateur) en mélangeant allègrement dans la même phrase les idéogrammes et les syllabaires. Le principe est le suivant : les **idéogrammes** sont utilisés pour les noms, les verbes, les adjectifs, les adverbes ; les **hiragana** servent pour tout le matériel grammatical et à la place d'idéogrammes trop compliqués ou devenus inusités ; enfin, les **katakana** servent pour transcrire les mots étrangers : noms propres et mots d'emprunt.

INTRODUCTION

idéogramme d'origine	katakana dérivé	idéogramme d'origine	katakana dérivé
久 (longtemps)	ク (ku)	阿 (flatter)	ア (a)
曽 (autrefois)	ソ (so)	伊 (celui-là)	イ (i)
止 (arrêter)	ト (to)	江 (baie)	エ (e)
奈 (quoi ?)	ナ (na)	散 (éparpiller)	サ (sa)
奴 (esclave)	ヌ (nu)	多 (nombreux)	タ (ta)
祢 (sanctuaire)	ネ (ne)	八 (huit)	ハ (ha)
比 (comparer)	ヒ (hi)	三 (trois)	ミ (mi)
保 (protéger)	ホ (ho)	牟 (pupille)	ム (mu)
女 (femme)	メ (me)	與 (donner)	ヨ (yo)
呂 (échine)	ロ (ro)	流 (couler)	ル (ru)

Ci-dessus : origine des katakana, quelques exemples

Les **hiragana**, inventés pour l'écriture des mots japonais, ne sont jamais utilisés pour écrire les mots d'origine chinoise (sauf dans les premières années d'école et dans les manuels pour étrangers) pour lesquels on emploie les kanji (caractères chinois). En revanche, un mot japonais d'origine, s'il est écrit normalement en kanji, peut l'être aussi en hiragana. C'est pourquoi les mots proposés dans les pages d'entraînement de cet ouvrage seront tous tirés du fonds japonais (à une ou deux exceptions près).

Les **katakana**, inventés pour lire le chinois, sont liés à l'idée d'étranger. Aussi les mots que nous vous proposerons dans les pages d'entraînement sont évidemment d'origine étrangère, massivement empruntés à l'anglais, un peu au français, à l'allemand ou au portugais. Mais les katakana sont aussi de plus en plus usités pour écrire les noms d'animaux ou d'insectes, dont les kanji sont d'un usage extrêmement limité et donc difficiles à retenir.

Écrire les kana : quelques principes

Structure des syllabaires

Chaque **kana** correspond à une **syllabe**. C'est-à-dire :
- soit une voyelle seule ;
- soit une combinaison consonne + voyelle ;
- soit une combinaison semi-consonne + voyelle.

À savoir : il existe deux semi-consonnes : **y** comme dans *yeti* et **w** comme dans *kiwi*.

Voyelles comme consonnes sont en nombre plutôt restreint en japonais : il existe 5 voyelles et 13 consonnes. Calculez vous-même : 5 syllabes pour les voyelles seules et 65 syllabes (13 consonnes x 5 voyelles = 65) pour les combinaisons entre une consonne et une voyelle, soit, en théorie, un total de 70 syllabes. Sans oublier 10 syllabes pour les combinaisons entre une semi-consonne et une voyelle. Total présumé : 80 syllabes.

En fait, il n'en existe que la moitié pour chaque syllabaire, car toutes les combinaisons possibles entre consonnes/semi-consonnes et voyelles ne sont pas utilisées et certains kana servent deux fois (avec un petit ajout cependant), nous le verrons plus tard.

Bien sûr, vous êtes impatient de vous mettre à écrire, mais avant toute chose, il est essentiel de comprendre ce que l'on écrit et de savoir le prononcer, pour ne pas « écrire idiot » !

1. Les voyelles

Liste des voyelles : a, i, u, e, o.

- Les voyelles **a, i, o** ne posent pas de problème puisqu'elles se prononcent comme en français.

- Le **e** peut se prononcer de deux façons : le plus souvent il se dit **[é]** (comme dans *été*), mais parfois il se dit **[è]** comme dans *même*. C'est le cas devant un n de fin de syllabe.

ÉCRIRE LES KANA : QUELQUES PRINCIPES

• La prononciation du **u** est un peu plus compliquée pour les francophones. C'est un son qui se situe entre **[eu]** et **[ou]**, un peu neutre.

2. Les consonnes et semi-consonnes

Liste des consonnes : b, d, g, h, j, k, m, n, p, r, s (et variante : sh), t (et variantes : ts/ch), z, auxquelles il faut ajouter les **semi-consonnes : y** et **w**.

A priori, elles ne posent pas de problème puisqu'elles se prononcent presque toutes comme en français.

Voici quatre points auxquels il faut faire attention, toutefois :

• quelle que soit la voyelle qui le suit, le **g** se prononce de manière toujours « dure » soit **[g]**, comme dans *gars* ou *gui*, et jamais [j] ;

• le **s** se prononce toujours comme *ss*, jamais [z] : bonsai = [bonssaï], miso = [misso] ;

• le **h** est toujours aspiré ;

• la prononciation du **r** se situe entre le **[l]** et le **[r]**.

3. Les combinaisons consonne + voyelle

Voici enfin quelques éléments à connaître pour ce qui est des combinaisons consonne + voyelle :

• Puisqu'il existe 5 voyelles, pour chaque consonne, on a donc une série de 5 kana. Par exemple les combinaisons de **m** avec chaque voyelle sont **ma, mi, mu, me, mo**.

• Attention, pour les semi-voyelles, la série des combinaisons n'est pas complète. Le **y** ne forme que trois combinaisons : **ya, yu, yo** et le **w**, seulement deux : **wa** et **wo** (qui en fait se prononce **[o]**).

• Logiquement pour le **s** on obtient sa, *si, su, se, so ; cependant le *si n'existe pas, à la place on a **shi**. Ce qui donne donc : **sa, shi, su, se, so**.

ÉCRIRE LES KANA : QUELQUES PRINCIPES

• De la même façon pour le **t**, les combinaisons *ti et *tu n'existent pas, à la place on a **chi** (prononcé **[tchi]**) et **tsu**. On obtient donc la série suivante : **ta, chi, tsu, te, to**.

• Enfin, il existe une consonne « toute seule », le **n**.

Principes d'écriture

Si vous voulez BIEN écrire, il faut respecter absolument quelques règles simples, concernant l'ordre dans lequel on doit tracer les traits qui composent chaque kana.

Ce cahier vous propose de vous entraîner en présentant les kana dans l'ordre du nombre des traits qui les composent. Les plus simples sont faits d'un seul trait, les plus complexes de 4 traits.

Le tracé des kana

Vous devez retenir **4 règles fondamentales** quant au tracé des kana :

1. Un kana se trace toujours **de haut en bas** :
う　ミ

2. Un kana se trace toujours d**e gauche à droite** :
い　ル

3. Quand un ou plusieurs traits horizontaux et un ou plusieurs traits verticaux se croisent, on écrit toujours **le(s) trait(s) horizontal(aux) d'abord** :
ま　キ

4. Quand un kana comporte des traits de chaque côté d'un élément central, c'est **l'élément central que l'on trace en premier** :
ふ　木

Conseils pratiques

Écriture verticale ou horizontale ?

Traditionnellement, les lignes d'un texte japonais sont verticales et s'écrivent de droite à gauche. C'est ce que vous verrez si vous regardez un roman japonais. Mais dans de nombreux cas, on écrit aussi à l'horizontale, notamment sur les ordinateurs. C'est ce que nous pratiquerons dans ce cahier.

Le matériel nécessaire pour accompagner ce cahier

1. Le support

Ce cahier vous le fournit puisque vous avez, pour chaque kana, une page d'entraînement. Ensuite, tout papier fera l'affaire. Dans un premier temps, il peut être utile de continuer à s'exercer sur des feuilles avec des lignes, pour garder un bon équilibre dans la taille de vos kana et dans leur alignement. Un cahier d'école à carreaux vous permettra, en plus, d'écrire soit à l'horizontale, soit à la verticale. Quand vous serez tout à fait au point, vous pourrez vous essayer sur des feuilles blanches.

2. L'outil

Il ne s'agit pas ici de faire de la calligraphie, qui est un art, et qui demande à ce titre une formation spéciale comparable à la musique ou à la peinture, mais d'écrire « normalement », pour la vie courante. Et si la calligraphie vous intéresse, il vous faudra avant tout connaître correctement la forme des caractères. Donc oublions pour l'instant pinceaux et autres brosses… Pour l'apprentissage avec ce cahier, un simple crayon à papier et une gomme seront l'idéal. Cela vous permettra d'effacer et de vous reprendre. Ensuite, vous utiliserez ce que vous préférez : stylo à bille, stylo à plume, stylo-feutre… l'outil avec lequel vous écrivez d'habitude, en somme.

CONSEILS PRATIQUES

Comment utiliser ce cahier ?

Un kana, une page.

L'inscription du kana dans un carré vous permet de bien en comprendre les dimensions et d'appréhender l'équilibre entre les traits. Vous vous entraînerez donc dans un premier temps à reproduire le modèle. D'abord dans des grands carrés, puis dans des carrés moyens et, enfin, dans des carrés de la taille de l'écriture « normale ». Ce qui travaille, c'est **la mémoire de l'œil, mais surtout de la main**. Écrire un caractère est un geste. C'est en le reproduisant que vous assimilerez sa forme. D'où l'intérêt de consacrer une page entière à l'écriture d'un seul kana.

Classement des kana

Les kana sont classés **selon le nombre de traits qui les composent**. Pour chaque syllabaire, vous trouverez donc **quatre parties**. Certains kana vous poseront plus de difficultés que d'autres, cela varie selon les personnes. À la fin de chaque partie, une page d'« **entraînement** » vous permettra de faire le point, de voir ce qui est acquis et ce qui ne l'est pas encore suffisamment. Certains exercices d'entraînement relèvent de la simple copie, d'autres vous demanderont de trouver vous-mêmes les bonnes graphies (vous trouverez dans ce cas toutes les solutions en pages 126-127). Pour prolonger le cahier, des réserves de mots vous sont même proposées afin de réaliser des autodictées (munissez-vous d'une feuille ou d'un cahier d'écolier). Consacrez une séance entière à ces pages d'entraînement. N'hésitez pas à revenir sur les kana qui vous résistent et à leur consacrer à nouveau une séance avant de passer à la suite.

Un peu chaque jour !

Comme pour tout apprentissage, **c'est la régularité qui compte...** en fonction du temps dont vous disposez. Fixez-vous un nombre de kana à étudier à chacune de vos séances de travail. Autour de 5, c'est une bonne moyenne. Surtout n'hésitez jamais à revenir en arrière, à reprendre ce dont vous n'êtes pas sûr.

Et maintenant, allons-y !

Les hiragana

HIRAGANA • 1 trait

し shi

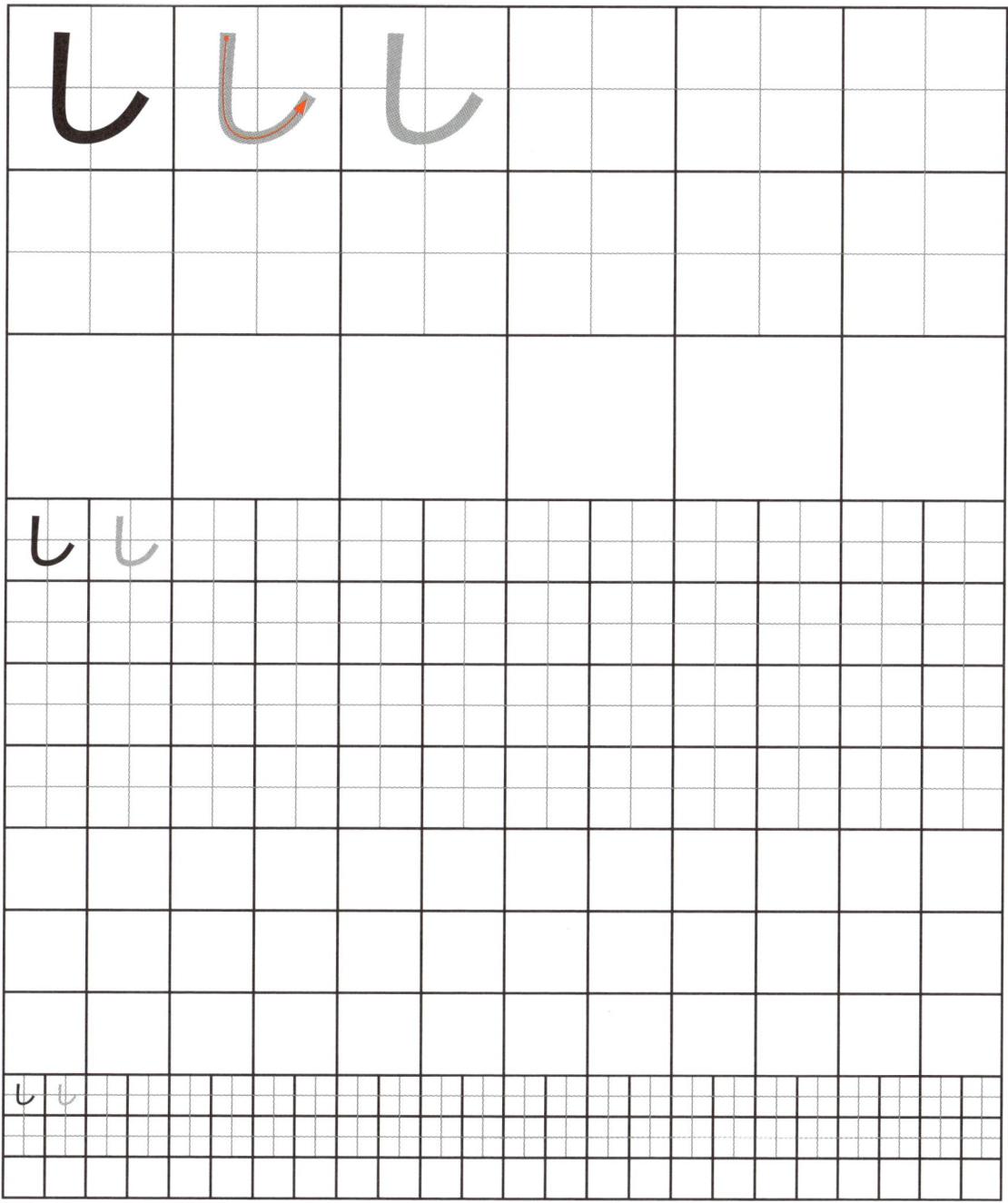

つ tsu [tsou]

HIRAGANA • 1 trait

く **ku** [kou]

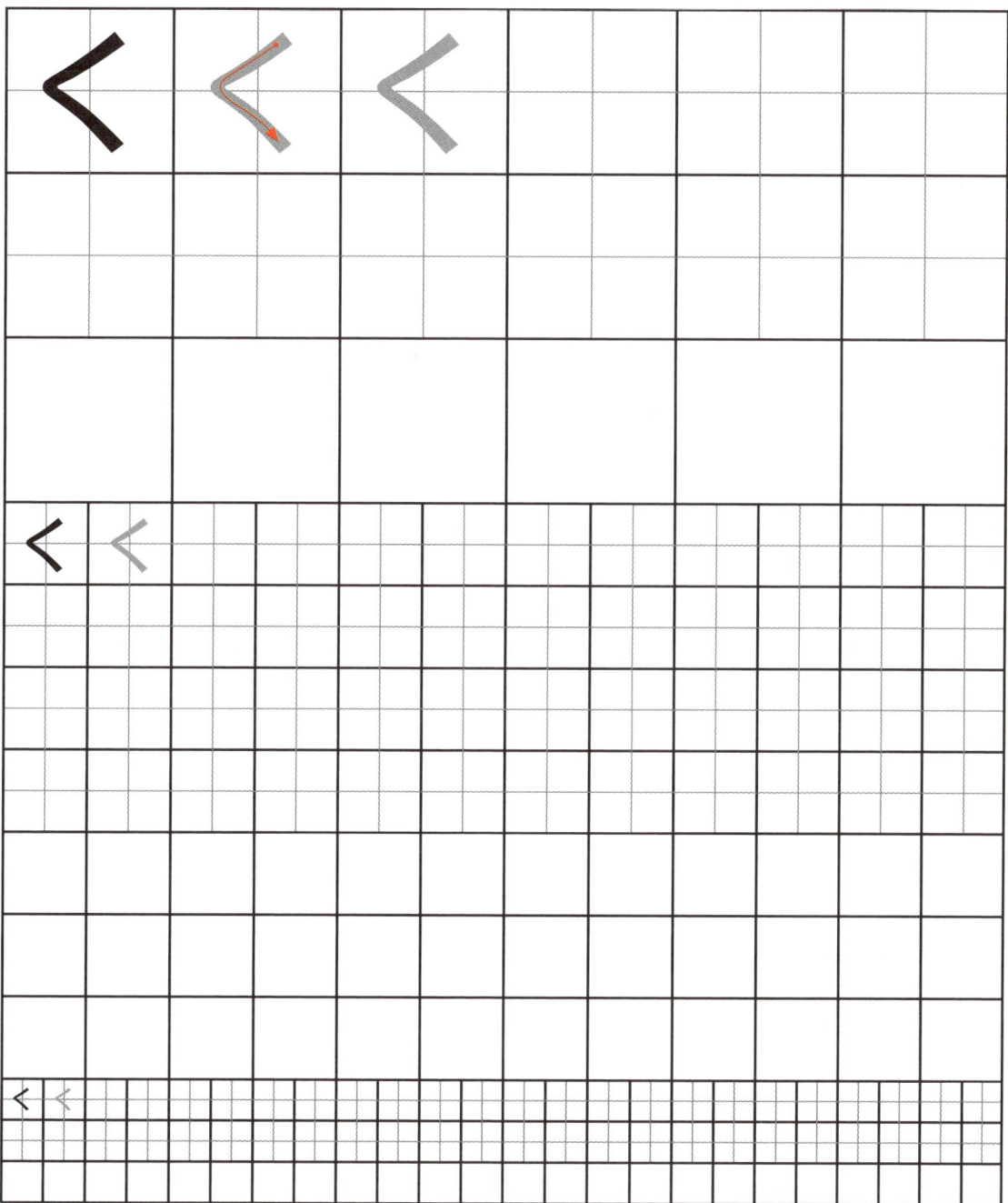

へ he [hé]

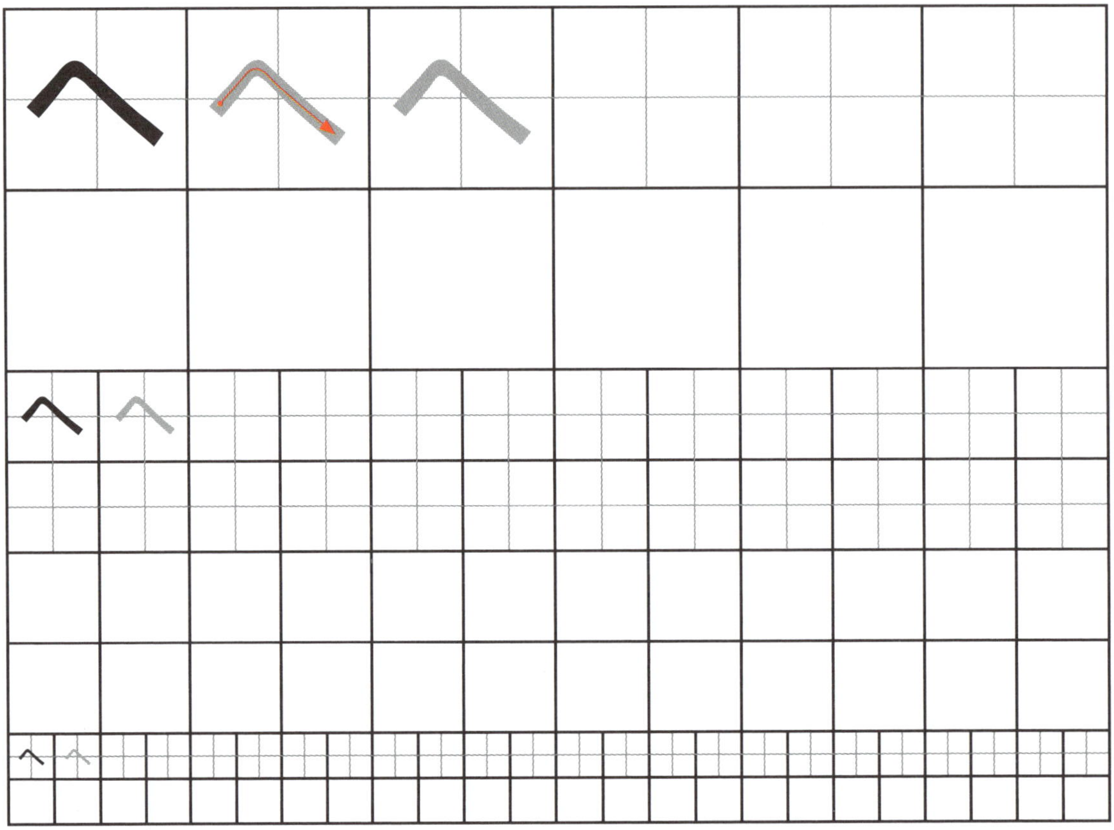

Attention !

Ce hiragana, comme tous ceux qui notent une syllabe commençant par un **h**, se prononce avec **h** aspiré.

La phrase japonaise se construit grâce à des particules qui indiquent la fonction du nom qui les précède. Ce hiragana へ sert à noter une particule exprimant la direction dans laquelle on va. Dans ce cas, il se prononce simplement **é**, sans **h** aspiré.

ろ ro [lo]

HIRAGANA • 1 trait

ひ hi

HIRAGANA • 1 trait

の **no**

て te [té]

る ru [lou]

Entraînement 1

• Grâce aux 9 hiragana que vous venez d'apprendre à tracer, il est déjà possible d'écrire quelques mots.

Rappelez-vous les conseils pour la prononciation :
– le **h** est toujours aspiré (**he**, **hi**) ;
– le **r** se prononce entre **[l]** et **[r]** ;
– le **u** se prononce entre **[eu]** et **[ou]**, plus proche du **[ou]** ;
– le **e** se prononce soit **[é]** soit **[è]**. Le plus souvent c'est **[é]**, mais **[è]** devant **n** final.
Important : veillez à ce que les hiragana que vous tracez soient bien de la même taille. Prenez garde aussi à l'espacement entre les deux kana.

kuru	venir	くる						
tsuno	corne	つの						
shiro	château fort	しろ						
tsuru	grue (oiseau)	つる						
te	main	て						
hiku	tirer	ひく						
heru	diminuer	へる						
kutsu	chaussure	くつ						

• **Encore plus fort :** écrivez les mots suivants sans regarder de modèle ! Remplissez d'abord la troisième colonne. Puis vérifiez vos réponses en vous reportant aux solutions pages 126-127. Ensuite vous poursuivrez l'exercice comme ci-dessus.

shiru	savoir							
tsuku	arriver							
noru	monter							
hiru	le jour							
teru	briller							
kushi	peigne							

HIRAGANA • 2 traits

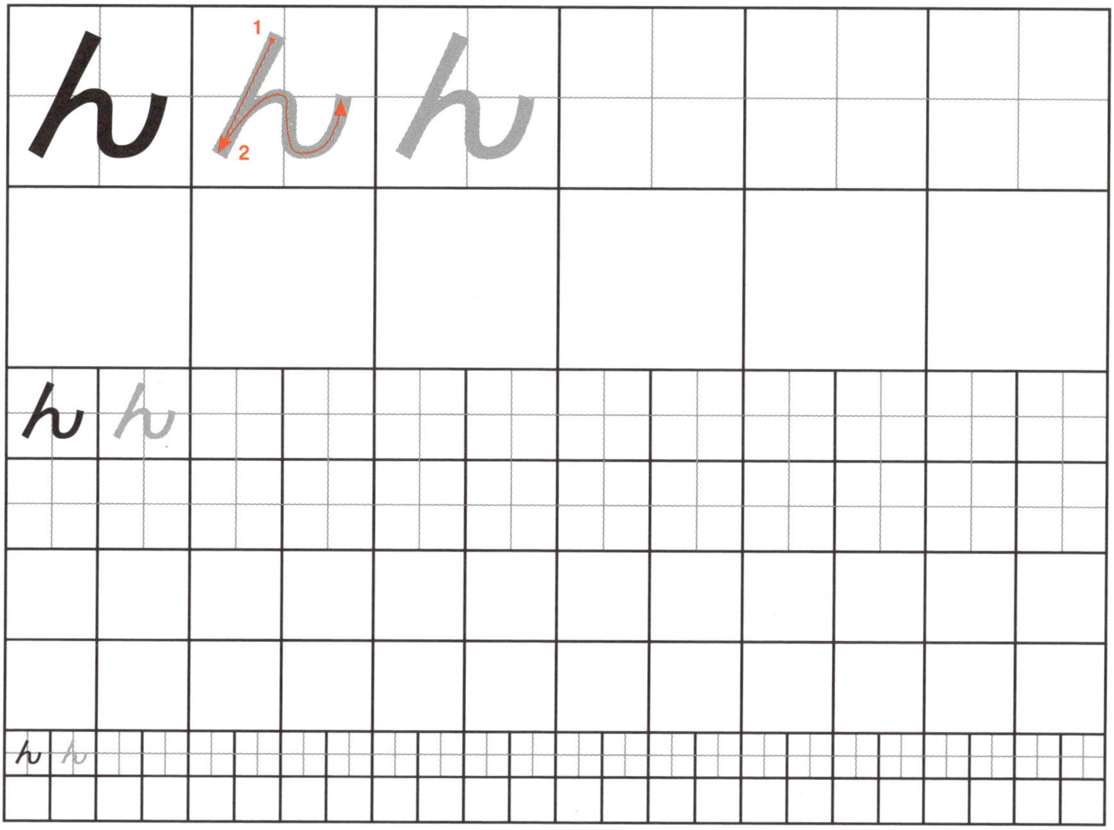

Attention !

Ce hiragana est très spécial. Il sert à écrire une consonne seule : un **n**. Il est unique en son genre et a sans doute été inventé bien après les autres. Beaucoup de syllabes adaptées du chinois se terminaient par un n : **kan** [kan+n], **on** [on+n], **shin** [shi+n], **bun** [bu+n], **sen** [sè+n], etc. Dans ces syllabes, le n est prononcé séparément. Si on voulait écrire en hiragana des mots chinois il fallait donc inventer une astuce, d'où ce ん. Il sert aujourd'hui encore à écrire le n final d'une syllabe de type : consonne + voyelle + **n**. Et ce **n** est devenu utile aussi même pour des mots purement japonais.

 **HIRAGANA • 2 traits**

 い i

HIRAGANA • 2 traits

こ **ko**

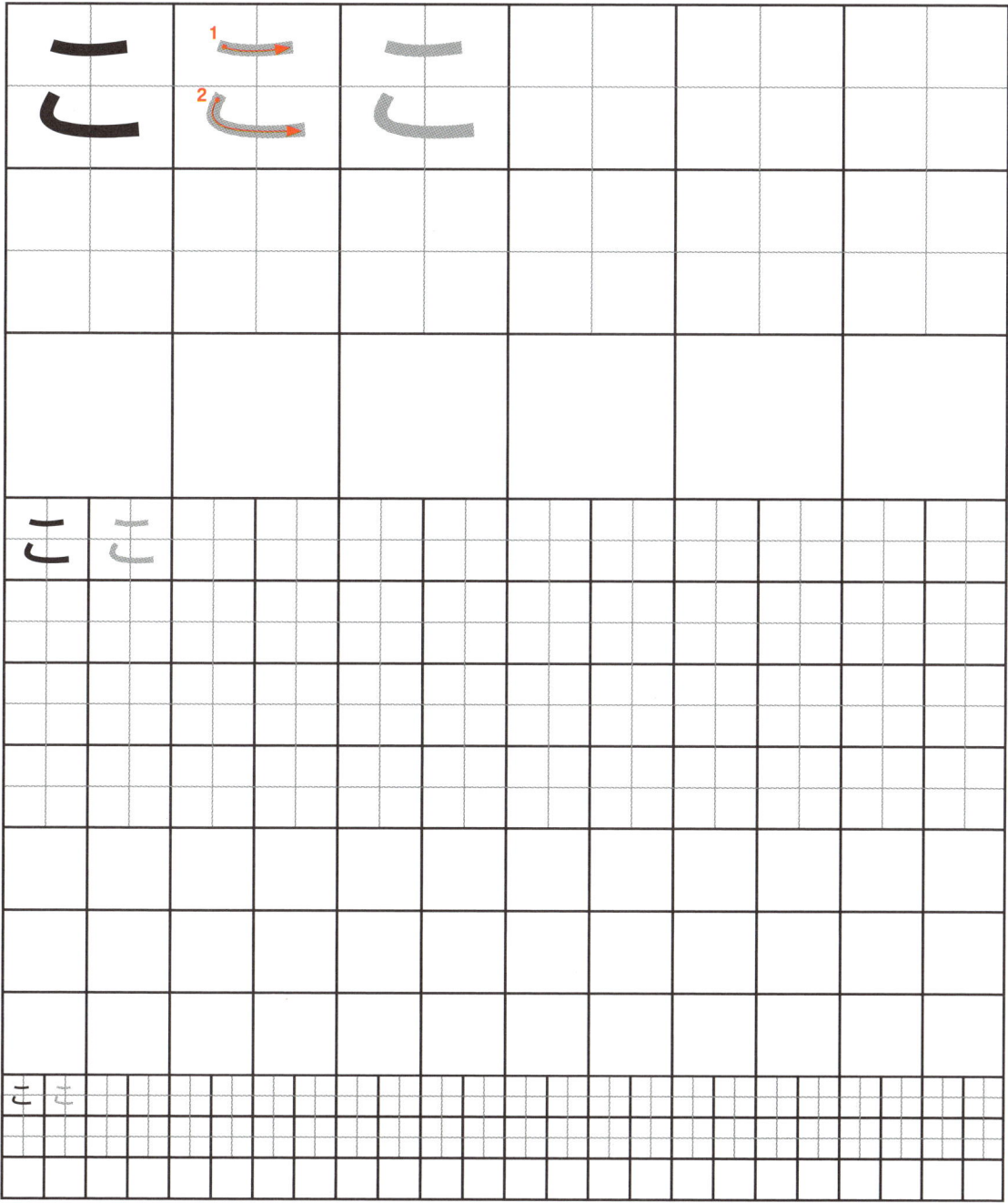

う u [ou]

り ri [li]

HIRAGANA • 2 traits

と **to**

… **chi** [tchi]

HIRAGANA • 2 traits

よ yo

HIRAGANA • 2 traits

え e [é]

す su [sou]

ら ra [la]

HIRAGANA • 2 traits

わ wa

HIRAGANA • 2 traits

そ so

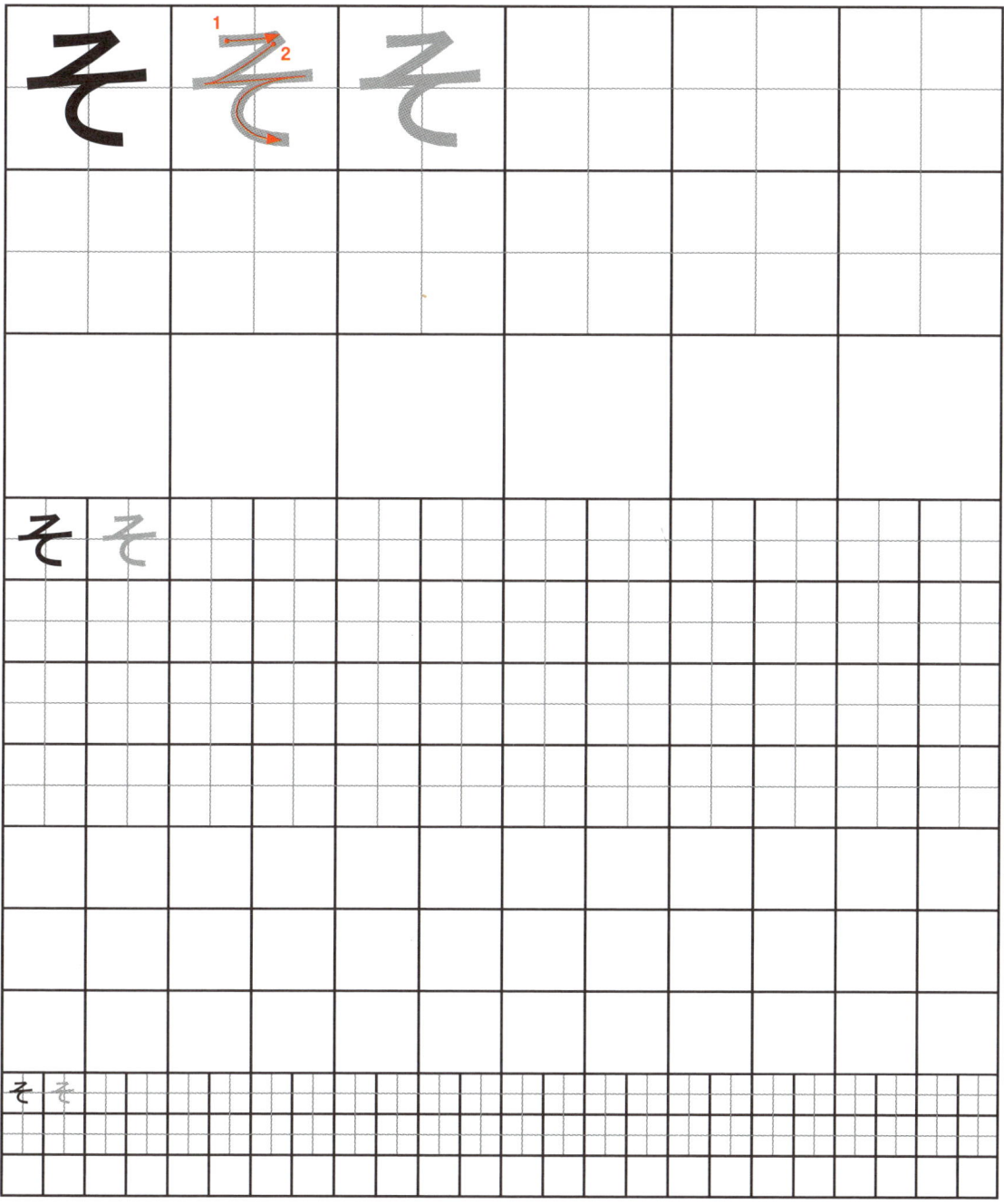

み mi

め me [mé]

HIRAGANA • 2 traits

ね ne [né]

HIRAGANA • 2 traits

 yu

ぬ **nu** [nou]

HIRAGANA • 2 traits

Entraînement 2

- Nous franchissons une grande étape, car les hiragana composés de deux traits sont très nombreux. Notre deuxième entraînement sera donc plus fourni que le premier.

iwa	rocher	いわ							
inu	chien	いぬ							
neko	chat	ねこ							
chiri	poussière	ちり							
tori	oiseau	とり							
sumi	encre	すみ							
sora	ciel	そら							
yume	rêve	ゆめ							
yoko	côté	よこ							
ura	revers	うら							
en	yen	えん							

- **Sans modèle !** Attention, il se glisse quelques hiragana à 1 trait. Pour vérifier : les solutions sont en pages 126-127.

soto	extérieur								
umi	mer								
sushi	sushi								
yuri	lys								
neru	dormir								
kuwa	mûrier								
nuno	tissu								
iro	couleur								

け ke [ké]

に ni

HIRAGANA • 3 traits

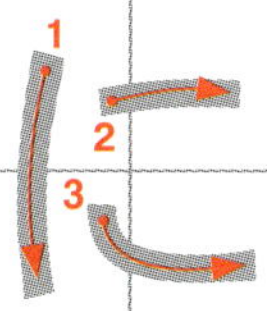

か ka

は ha

HIRAGANA • 3 traits

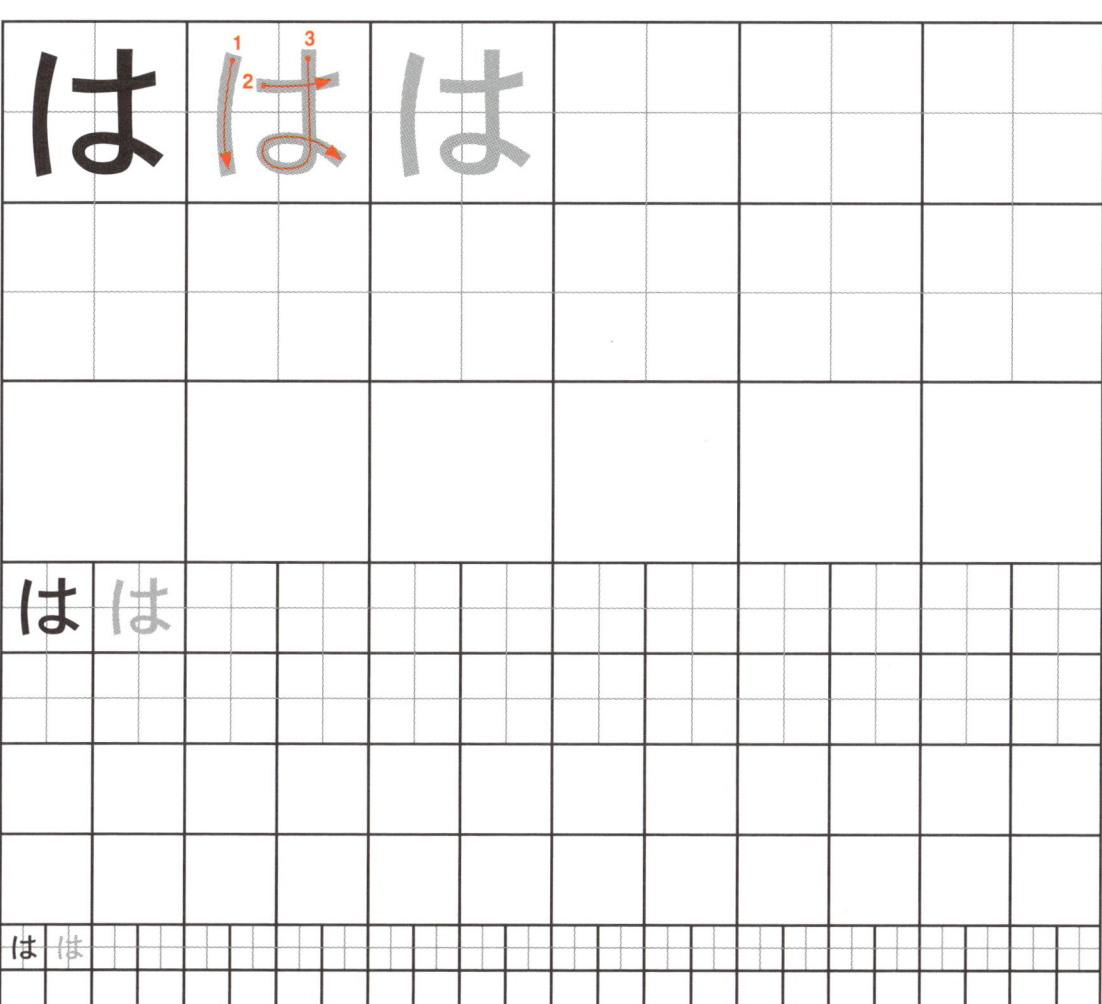

Attention !

On observe, pour cet hiragana, le même phénomène que pour へ, que nous avons vu à la page 16. は se prononce normalement **[ha]** avec **le h** aspiré. Sauf… quand il sert à noter la particule indiquant le thème d'une phrase. Dans ce cas, il se prononce **wa [oua]**.

ま ma

HIRAGANA • 3 traits

せ se [sé]

れ re [lé]

HIRAGANA • 3 traits

さ sa

お

あ a

HIRAGANA • 3 traits

や ya

HIRAGANA • 3 traits

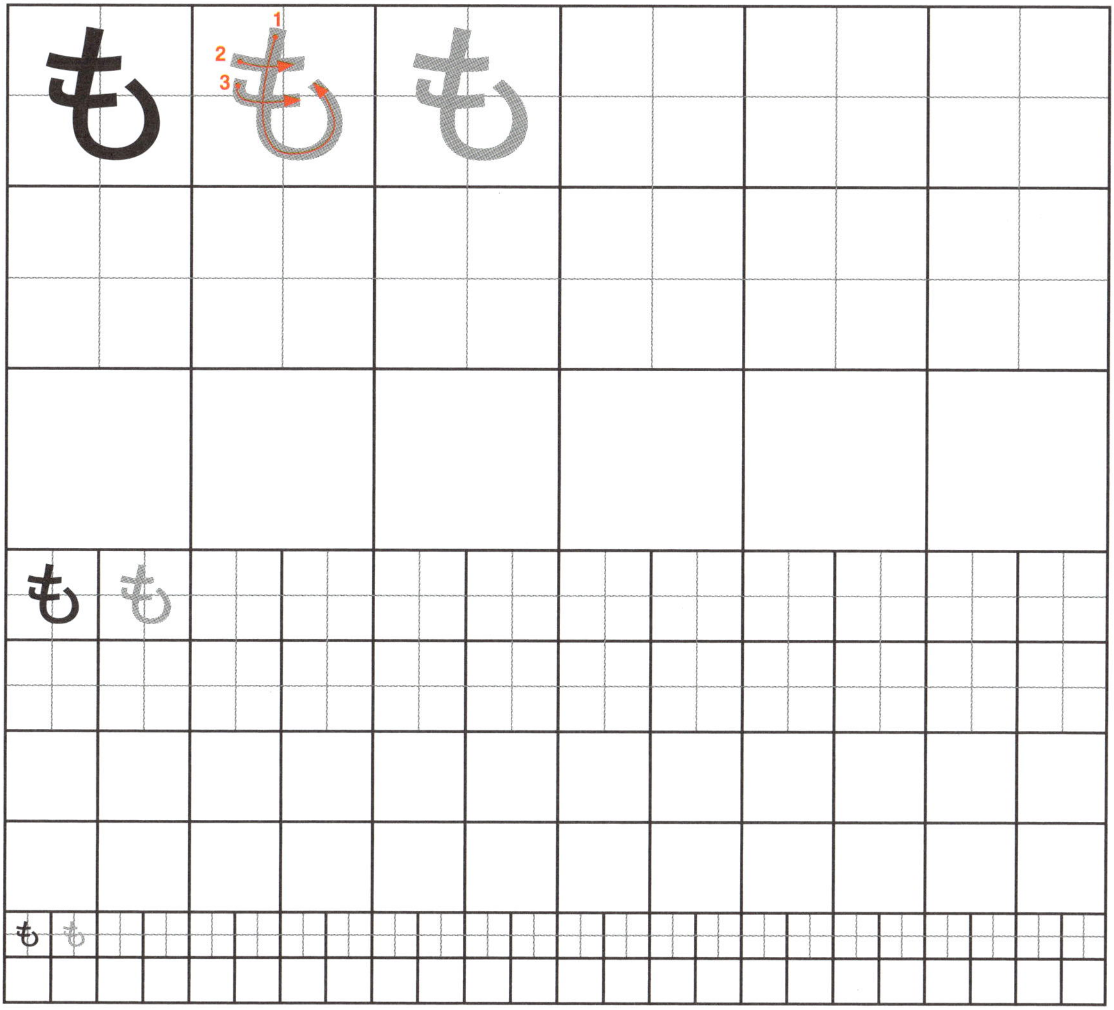

Attention !

Un petit test d'observation. Ce hiragana **mo** も a quelque chose de spécial dans son tracé... Regardez bien : oui, vous voyez, c'est seul à déroger à la troisième règle énoncée page 10. Un reste de l'histoire !

む mu [mou]

HIRAGANA • 3 traits

を

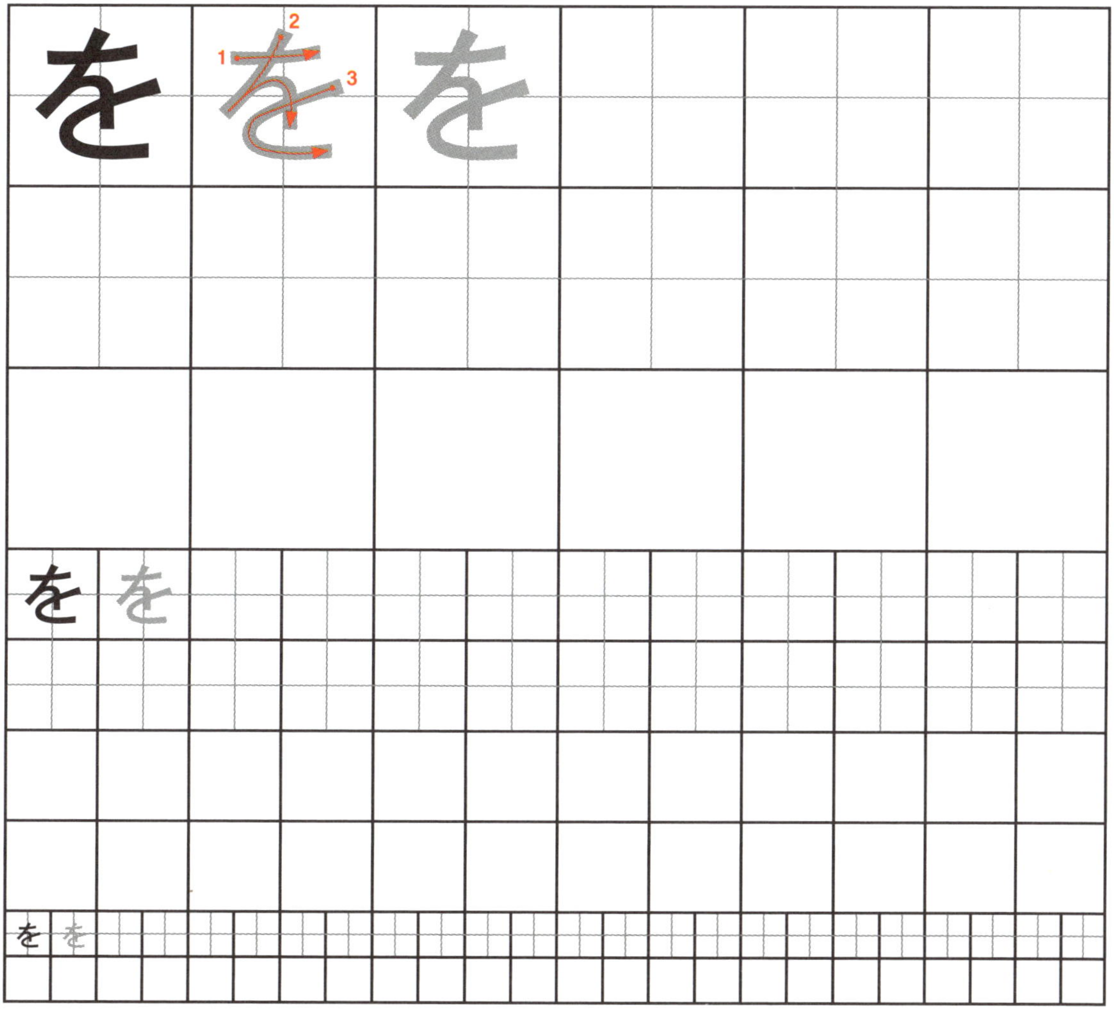

Attention !

Ce hiragana est tout à fait exceptionnel. Il sert pour un seul mot : la particule qui indique le complément d'objet direct. Et de ce fait, il se trouve dans presque toutes les phrases ! À l'origine, il permettait d'écrire la syllabe *wo, mais celle-ci n'existe plus depuis bien longtemps. Il se prononce maintenant simplement [o].

HIRAGANA • 3 traits

Entraînement 3

yama	montagne	やま					
sake	alcool	さけ					
asa	matin	あさ					
hare	beau temps	はれ					
kani	crabe	かに					
kamo	canard	かも					
oka	colline	おか					
kamu	mordre	かむ					
ase	sueur	あせ					

• Voici aussi une petite réserve de mots pour vous faire une autodictée (pour ce, utilisez une feuille de papier ou un cahier d'écolier) :
masaka (vraiment), **kama** (marmite), **saka** (pente), **nise** (faux, imitation), **kao** (visage), **kasa** (parapluie)

• Maintenant, on mélange : 1 trait, 2 traits, 3 traits ! À vous de remplir la troisième colonne.

niwa	jardin						
mukashi	autrefois						
semi	cigale						
yomu	lire						
himo	ficelle						
oni	monstre						
warau	rire						

Autodictée :
tora (tigre), **oyu** (eau chaude), **uni** (oursin), **wani** (crocodile), **heya** (chambre, pièce), **tera** (monastère), **mune** (poitrine), **oke** (baquet), **yowai** (faible), **ami** (filet), **chie** (sagesse), **ume** (prune), **ue** (dessus), **yakeru** (brûler), **sakan** (florissant), **kumo** (nuage ; araignée), **machi** (ville), **ashi** (pied, jambe).

HIRAGANA • 4 traits

な na

き ki

ほ ho

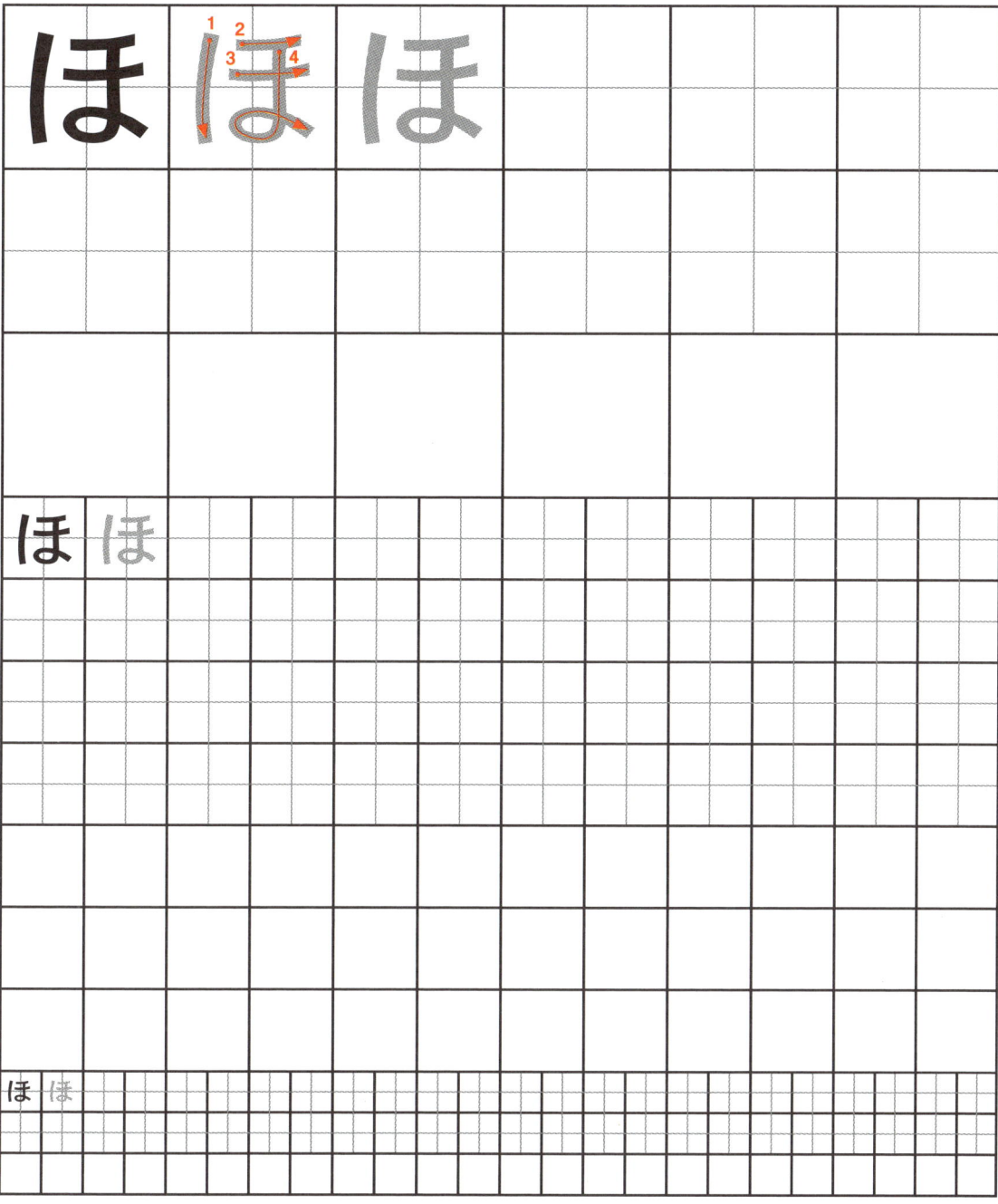

た ta

HIRAGANA • 4 traits

ふ **fu** [fou]

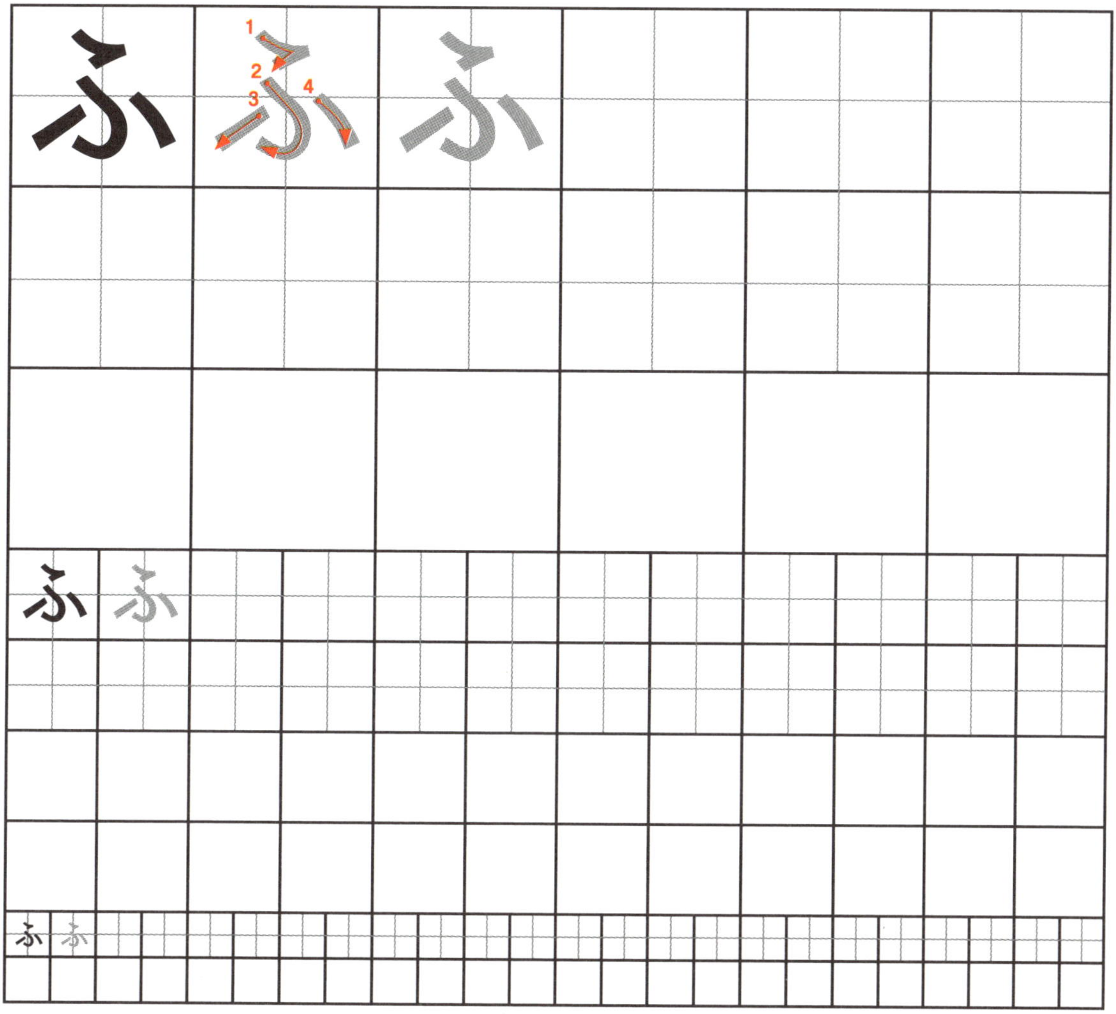

Attention !

La prononciation du **h** dans ce kana est un peu particulière, entre le **h** aspiré et le **f**, plus proche du **f**. C'est pour cela qu'on le note, en général, non pas *hu mais **fu**.

Entraînement 4

• Seuls les deux premiers mots proposés sont composés uniquement par des hiragana de 4 traits. Dans les autres mots, ces hiragana sont associés à d'autres, plus simples, que vous avez déjà étudiés et qui ne vous poseront donc aucun problème !

taki	cascade	たき				
kita	nord	きた				
fune	bateau	ふね				
hoshi	étoile	ほし				
ofuro	bain	おふろ				
fuyu	hiver	ふゆ				
aki	automne	あき				
hana	fleur	はな				
take	bambou	たけ				
seki	toux	せき				
minami	sud	みなみ				
fusuma	cloison	ふすま				
tako	cerf-volant	たこ				

• **Autodictée** (pour ce, utilisez une feuille ou un cahier d'écolier) :

haru (printemps), **natsu** (été), **tsuki** (lune), **hosoi** (mince), **kitsune** (renard), **yuki** (neige), **kiku** (chrysanthème), **uta** (chanson, poème), **hon** (livre), **tara** (morue), **fumoto** (pied de la montagne), **kishi** (rive), **kiri** (brouillard), **naka** (intérieur), **heta** (maladroit), **kaki** (kaki), **hata** (drapeau), **hokori** (orgueil), **ukiwa** (bouée), **toki** (temps), **takai** (grand, cher), **tane** (noyau, graine), **taru** (tonneau), **fuku** (souffler), **yakitori** (brochettes de poulet), **hone** (os), **nawa** (corde).

Classement des hiragana

Vous avez désormais étudié tous les hiragana (ou presque…). Accordez-vous une petite pause et profitons-en pour une remise en ordre.

En effet, nous vous avons proposé d'étudier les hiragana selon leur niveau de difficulté. Toutefois, sachez que les Japonais disposent d'un classement traditionnel de leurs syllabaires, l'équivalent de notre alphabet à nous, qui classe les lettres que nous utilisons. Ci-dessous, vous trouvez celui des hiragana. Ce tableau se lit verticalement (de haut en bas), en commençant par la droite : **a, i, u, e, o, ka, ki, ku, ke, ko, sa, shi, su, se, so,** etc. Il s'agit d'un tableau croisé, avec des colonnes définies par les consonnes, des lignes définies par les voyelles et, au croisement des lignes et des colonnes, la syllabe obtenue par combinaison des deux.

Comme notre alphabet, il sert aussi de principe de classement, dans les dictionnaires ou les index, dans les annuaires téléphoniques, etc., c'est-à-dire dans toutes les listes où l'on range des mots par « ordre alphabétique ». Il est donc important de le connaître.

Que faire de ce tableau ?

Première étape : apprenez à le réciter par cœur. Deuxième étape : entraînez-vous à le recopier. Puis servez-vous-en comme test et comme moyen de révision. Essayez de le reconstituer sans le regarder. Certains kana vous manqueront sûrement, cela voudra dire qu'ils ne sont pas assimilés, et donc un petit retour à la page concernée sera utile ! Répétez l'opération autant de fois que nécessaire jusqu'à ce que vous puissiez écrire le tableau en entier et sans hésitation.

	(w)	(r)	(y)	(m)	(h)	(n)	(t)	(s)	(k)	
	wa わ	ra ら	ya や	ma ま	ha は	na な	ta た	sa さ	ka か	a あ
		ri り		mi み	hi ひ	ni に	chi ち	shi し	ki き	i い
		ru る	yu ゆ	mu む	fu ふ	nu ぬ	tsu つ	su す	ku く	u う
		re れ		me め	he へ	ne ね	te て	se せ	ke け	e え
n ん	(w)o を	ro ろ	yo よ	mo も	ho ほ	no の	to と	so そ	ko こ	o お

Encore plus loin avec les hiragana

Nous n'en avons pas tout à fait fini avec les hiragana. Si vous êtes un peu observateur, vous avez remarqué que nous avons bien écrit des syllabes avec les consonnes **k**, **s** (et sa variante **sh**), **t** (et ses variantes **ch** et **ts**), **h**, **m**, **n**, **r** et les semi-consonnes **y** et **w** ; mais, vous direz-vous, où sont passées celles qui comportent les consonnes **b**, **d**, **g**, **j**, **k**, **p**, **z** ?

L'explication nécessite que nous abordions quelques notions de phonétique (rassurez-vous, ce sera bref). En effet, avec la même articulation, une consonne peut être sourde ou sonore, selon que les cordes vocales vibrent ou non. Certaines consonnes se correspondent donc par couples sourde/sonore : k/g, s/z, t/d, p/b. Les Japonais ont utilisé le même signe pour les deux consonnes du couple, en signalant la sonore par deux petits points à droite :

ta = た / da = だ ;   ki = き / gi = ぎ ;   so = そ / zo = ぞ

Attention, le **b** est considéré comme la sonore de **h**. On a donc : hi = ひ / bi = び.

Reste le **p**. Ce son est totalement absent dans le japonais ancien et extrêmement peu utilisé dans le japonais moderne. En fait, c'est lui, la vraie sourde de **b**… Ce n'est donc pas un couple, mais un trio : **h/b/p** (sourde/sonore/sourde).

Pour le **p**, on part des syllabes avec **h** et on ajoute un petit rond à droite. Astucieux, non ? Voilà dans ces deux pages de quoi vous entraîner.

ga	が				
gi	ぎ				
gu	ぐ				
ge	げ				
go	ご				
za	ざ				
ji	じ				
zu	ず				
ze	ぜ				
zo	ぞ				
ta	だ				
de	で				

do	ど				
ba	ば				
bi	び				
bu	ぶ				
be	べ				
bo	ぼ				
pa	ぱ				
pi	ぴ				
pu	ぷ				
pe	ぺ				
po	ぽ				

HIRAGANA • 4 traits

Entraînement 5

• Dans cet entraînement, vous devrez vous appliquer à bien repérer les hiragana accompagnés des deux petits points et à les reproduire dans les cases vides, comme vous le faites depuis le début.

migi	droite	みぎ				
hidari	gauche	ひだり				
hebi	serpent	へび				
ebi	langouste	えび				
kazu	nombre	かず				
nazo	énigme	なぞ				
nodo	gorge	のど				
kabe	mur	かべ				
obake	fantôme	おばけ				
fude	pinceau	ふで				
nagai	long	ながい				
tsubomi	bouton (de fleur)	つぼみ				
fuji	glycine	ふじ				
hanabi	feu d'artifice	はなび				
kaze	vent	かぜ				
gake	falaise	がけ				

• **Autodictée** (pour ce, utilisez une feuille ou un cahier d'écolier) :

taberu (manger), **asobu** (se distraire), **ido** (puits), **hige** (barbe), **kubi** (cou), **yabu** (fourré), **soba** (nouilles de sarrasin), **subete** (tout/tous), **ago** (menton), **negi** (oignon), **hiza** (genou), **kagami** (miroir), **nugu** (ôter un vêtement), **toge** (épine), **majime** (sérieux), **wabishii** (triste), **yuderu** (cuire à l'eau), **sode** (manche de vêtement), **hobo** (presque), **kazoeru** (compter), **eda** (branche d'arbre), **naze** (pourquoi ?), **kiji** (faisan), **chigai** (différence), **mugi** (blé), **hageshii** (violent), **kago** (panier), **mazu** (d'abord), **mada** (pas encore).

Écrire des phrases

Pour finir en beauté : un petit texte utilisant tous les hiragana. Essayez aussi de l'écrire sans regarder le modèle. Attention aux espaces entre les mots.

けさ はやく おきます。やま へ いきます。まず、ふもと の むら まで
けさ はやく おきます。やま へ いきます。まず、ふもと の むら まで
あるきます。ちかい です。それから、やま を のぼります。やま に たけ が
あるきます。ちかい です。それから、やま を のぼります。やま に たけ が
あります。ひ が でました。あき です。もみじ は とても うつくしい
あります。ひ が でました。あき です。もみじ は とても うつくしい
です。いわ の うえ に すわります。よる に なりました。そら に
です。いわ の うえ に すわります。よる に なりました。そら に
つき と ほし が みえます。うち に かえります。こんばん はやく
つき と ほし が みえます。うち に かえります。こんばん はやく
ねます。やま の ゆめ を みます。
ねます。やま の ゆめ を みます。

Transcription (pour la traduction, voir solutions pages 126-127) :

kesa hayaku okimasu. yama e ikimasu. mazu, fumoto no mura made arukimasu. chikai desu. sorekara, yama o noborimasu. yama ni take ga arimasu. hi ga demashita. aki desu. momiji wa totemo utsukushii desu. iwa no ue ni suwarimasu. yoru ni narimashita. sora ni tsuki to hoshi ga miemasu. uchi ni kaerimasu. konban hayaku nemasu. yama no yume o mimasu.

Les katakana

KATAKANA • 1 trait

レ **re** [lé]

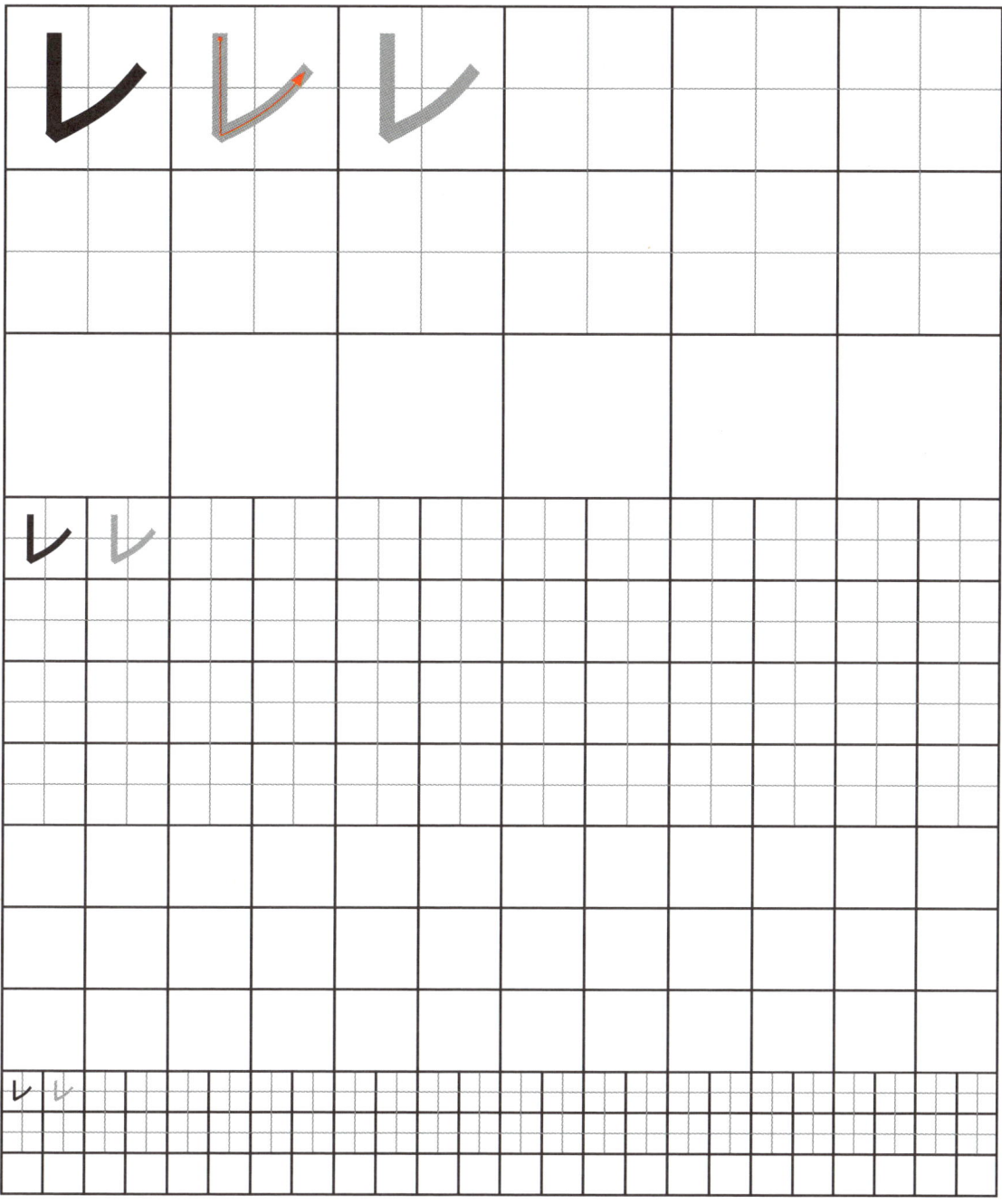

KATAKANA • 1 trait

フ **fu** [fou]

KATAKANA • 1 trait

ヘ **he** [hé]

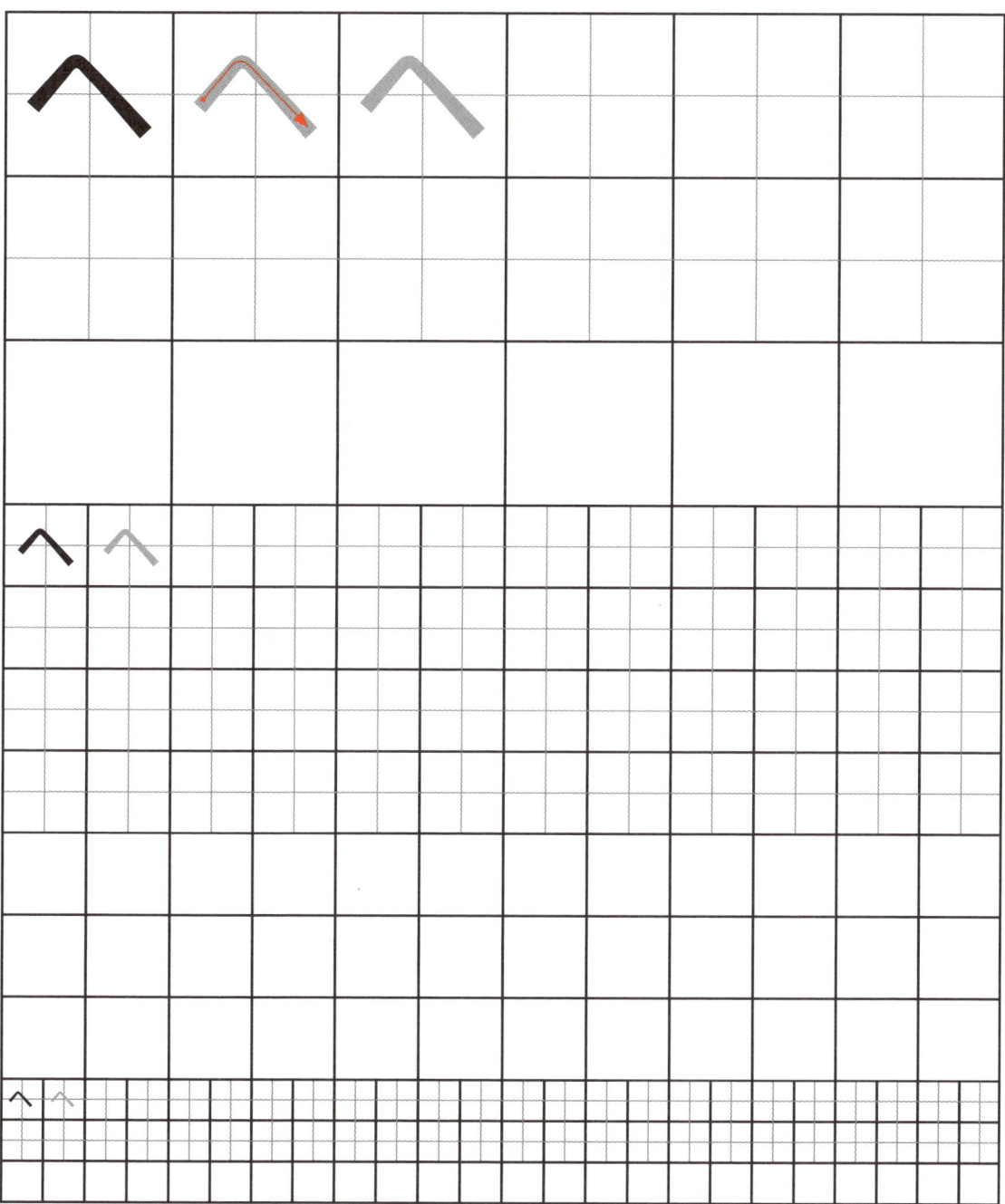

# KATAKANA • 1 trait

ノ **no**

Au sujet des katakana

Comment s'est passé votre premier contact avec les katakana ? Après les douces courbes des hiragana, les katakana vous plongent dans un univers plus géométrique, n'est-ce pas ? En effet, vous vous trouvez maintenant dans un autre monde. Nous prendrons un peu de temps aujourd'hui pour vous le faire découvrir et vous en vanter les charmes.

Rappelez-vous : les katakana servent d'abord à écrire tous les noms propres étrangers, lieux ou personnes. Mais surtout, ils servent à écrire les mots que le japonais puise dans d'autres langues. Emprunter des mots, toutes les langues le font, mais le japonais présente la particularité de leur réserver une écriture spéciale.

À savoir

Le japonais ne permettant pas (sauf cas limités) les suites de consonnes, on trouvera toujours une voyelle entre deux consonnes, que ce soit dans la prononciation ou dans l'écriture. Par exemple, la ville de Brest, avec B+R et S+T, devient **buresuto** ; de la même façon, la France devient **furansu**. Ainsi, beaucoup de sons sont transformés, comme dans *clear* qui devient **kuria**…
Et c'est là que l'on commence à s'amuser. Car, en effet, le monde des katakana est le pays du sourire.

Les mots empruntés aux autres langues appartiennent à trois catégories :

– les mots techniques dans tous les domaines (comme en français). Rien de drôle.

– les mots qui désignent des objets nouveaux ou inconnus jusqu'alors au Japon, ou qu'on dit en anglais pour diverses raisons. Normal, nous faisons la même chose. Mais un Anglais n'y retrouverait pas ses petits… *wireless* devient **waiyaresu**, *store* **sutoa**. Et puis quand c'est trop long, on abrège : **furima** pour *flea market* (marché aux puces), ou **ea kon** pour *air conditioning* (air conditionné). Et on crée beaucoup d'homonymes : **ankuru** sert pour *uncle* (oncle), *ankle* (cheville), *anchor* (ancre).

– des mots choisis pour les pubs, les noms de magasins, les noms de marques, les décors divers… Leur usage est purement décoratif et le sens n'importe guère, c'est un peu comme les caractères chinois sur les T-shirts. C'est là qu'on s'amuse ! Que dire d'un café qui s'appelle **monpuchi**, du français *mon petit*, d'une résidence chic nommée **arikobêru**, c'est-à-dire *haricot vert*, ou d'une autre, baptisée **rushato**, *le château*… En haut d'une colline,

Au sujet des katakana

à-dire *haricot vert*, ou d'une autre, baptisée **rushato**, *le château*… En haut d'une colline, on peut trouver une résidence qui s'appelle **takanawa konbu**, de l'anglais *Takanawa comb* (crête de Takanawa) et, en bas de la même colline, une autre dénommée **takanawa heizu**, de *Takanawa heights* (hauteurs de Takanawa)… Marcher dans les villes en déchiffrant les katakana devient une délicieuse promenade !

D'où viennent les mots écrits en katakana ?

Massivement de l'américain. Pour tout ce qui est technique. Mais aussi pour beaucoup de mots dont l'équivalent existe… en japonais ! Pourquoi prendre des mots étrangers alors qu'on a les mêmes chez soi, vous demanderez-vous. C'est une question de mode, et cela crée une autre atmosphère, une idée plus moderne. Bien sûr, il existe un mot japonais pour magasin, **mise**, mais **sutoa** (*store*) crée une autre image. Pourquoi, en France, des magasins se baptisent-ils *market* ? C'est le même principe.

Certains emprunts ont un lien fort avec l'histoire du pays et sont associés à des domaines particuliers. Ainsi, le vocabulaire médical puise dans l'allemand. C'est, en effet, à l'Allemagne que le Japon s'est adressé pour former ses médecins au début du xxe siècle. Le français sert pour la gastronomie, la couture ou pour des mots en rapport avec des concepts abstraits. Les Portugais, qui ont été les premiers à essayer de s'implanter au Japon au xve siècle avant d'être déclarés indésirables, y ont laissé quelques mots, à commencer par celui désignant le pain : **pan** (*pão*).

Quelques conseils pour votre apprentissage :

Les katakana sont des morceaux de caractères chinois (voir Introduction, p. 4 à 7). Si leur forme est simple à tracer (des lignes droites, des angles), il arrive souvent que certains se ressemblent fortement. Soyez donc particulièrement attentifs.

Pour le reste, continuez à votre rythme, comme avec les hiragana. Une page est dédiée au tracé de chaque katakana, du plus simple au plus complexe. Vous trouverez aussi des pages d'entraînement, avec des tableaux de mots et des dictées. Nous vous y indiquerons toujours, dans la deuxième colonne, le mot d'origine. La mémoire de la main est primordiale. N'hésitez pas à faire et refaire les exercices proposés.

Les prochains katakana vous attendent dès la page suivante.

À vous de jouer !

リ ri [li]

KATAKANA • 2 traits

ル ru [lou]

KATAKANA • 2 traits

ト to

カ ka

ク ku [kou]

KATAKANA • 2 traits

ス **su** [sou]

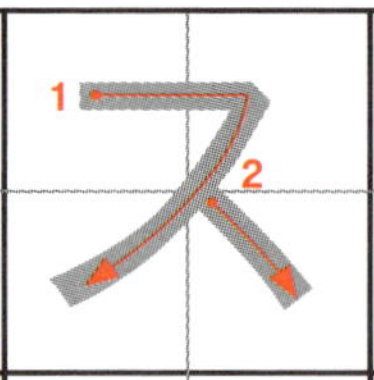

KATAKANA • 2 traits

 ma

コ ko

ア a

 KATAKANA • 2 traits

 ン n

Attention !

Comme pour les hiragana, ce **n** est le seul cas de consonne seule. Il est utilisé devant une autre consonne ou en fin de mot.

Entraînement 1

Dans les entraînements de katakana, nous avons ajouté une colonne pour vous indiquer le mot dans la langue d'origine, afin de donner encore plus de saveur à votre étude.

furesuko	fresco	fresque	フレスコ			
herusu	health	santé	ヘルス			
rinkusu	lynx	lynx	リンクス			
tomato	tomato	tomate	トマト			
furima	flea ma(rket)	marché aux puces	フリマ			
kanon	canon	règles	カノン			
antore	entrée	entrée	アントレ			
kokoa	cocoa	cacao	ココア			
karisuma	charisma	charisme	カリスマ			
maton	mutton	viande de mouton	マトン			
akuriru	acryl(ic)	acrylique	アクリル			
sukoa	score	score	スコア			
sutoresu	stress	stress	ストレス			
rifuto	lift	ascenseur	リフト			

Autodictée (pour ce, utilisez une feuille ou un cahier d'écolier) :

furu (*full* / plein), **herukaku** (*heal(thy) cock(tail)* / jus de fruits et légumes), **koruto** (*colt* / colt), **sutoa** (*store* / magasin), **risuto** (*list* / liste), **rea** (*rare* / rare), **aria** (*aria*), **kosuto** (*cost* / coût), **resu** (*res(ponse)* / réponse à un mail), **konma** (*comma* / virgule), **kuria** (*clear* / clair), **amaririsu** (*amaryllis* / amaryllis), **ankuru** (*anchor* / ancre ; *uncle* / oncle ; *ankle* / cheville), **kurinorin** (*crinoline*), **manto** (*manteau*), **hea** (*hair* / cheveux), **riaru** (*real* / vrai), **riarisuto** (*realist* / réaliste).

ニ ni

ハ ha

ラ ra [la]

ユ yu

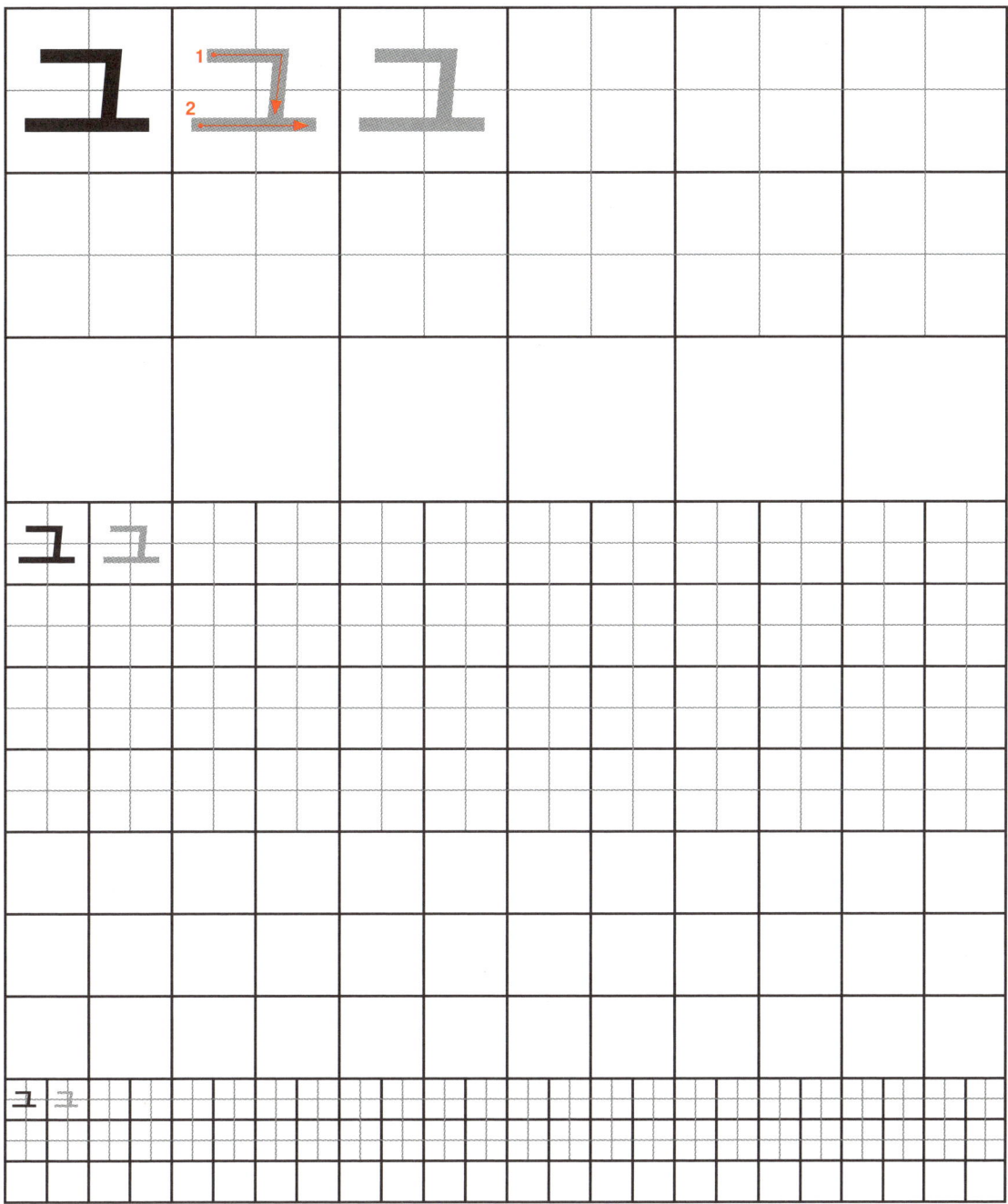

ヒ hi

ワ wa

KATAKANA • 2 traits

ナ na

KATAKANA • 2 traits

イ i

KATAKANA • 2 traits

ヌ nu [nou]

KATAKANA • 2 traits

メ me [mé]

KATAKANA • 2 traits

セ se [sé]

ソ so

KATAKANA • 2 traits

ム **mu** [mou]

KATAKANA • 2 traits

 ya

Entraînement 2

- Attention à bien respecter l'ordre et la direction des traits. Ce sont les éléments qui permettent de bien distinguer les katakana dont les formes sont très proches.

irasuto	*illust(ration)*	illustration	イラスト			
waiyaresu	*wireless*	sans fil	ワイヤレス			
nihirisuto	*nihilist*	nihiliste	ニヒリスト			
mesena	*mécénat*	mécénat	メセナ			
raimu	*lime*	citron vert	ライム			
soware	*soirée*	soirée	ソワレ			
ramu	*lamb*	agneau	ラム			
semento	*cement*	ciment	セメント			
nansensu	*nonsense*	absurde	ナンセンス			
sofuto	*soft* *soft(ware)*	doux software	ソフト			
nuru	*null*	nul	ヌル			
mein	*main*	principal	メイン			
sekohan	*seco(nd)* *han(d)*	d'occasion	セコハン			
hamu	*ham*	jambon	ハム			
menhiru	*menhir*	menhir	メンヒル			

- **Autodictée** (pour ce, utilisez une feuille ou un cahier d'écolier) :

meiku (*make (up)* / maquillage), **wain** (*wine* / vin), **raito** (*light* / allégé), **naifu** (*knife* / couteau), **haiku** (*hik(ing)* / auto-stop), **infure** (*infla(tion)* / inflation), **ananasu** (*ananas* / ananas), **rain** (*line* / ligne), **hire** (*filet [de bœuf]*), **inkamu** (*income* / revenus), **hareruya** (*hallelujah* / alléluia), **naisu** (*nice* / excellent), **rafu** (*rough* / mal dégrossi), **sentoraru** (*central* / central), **raisu** (*rice* /riz), **wanisu** (*varnish* / vernis), **toire** (*toile(t)* / les toilettes), **anime** (*anima(tion)* / films d'animation).

KATAKANA • 3 traits

 mi

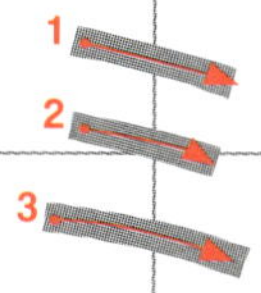

KATAKANA • 3 traits

エ e [é]

KATAKANA • 3 traits

ロ ro [lo]

キ ki

KATAKANA • 3 traits

ケ ke [ké]

テ te [té]

KATAKANA • 3 traits

シ shi [chi]

オ

ヨ yo

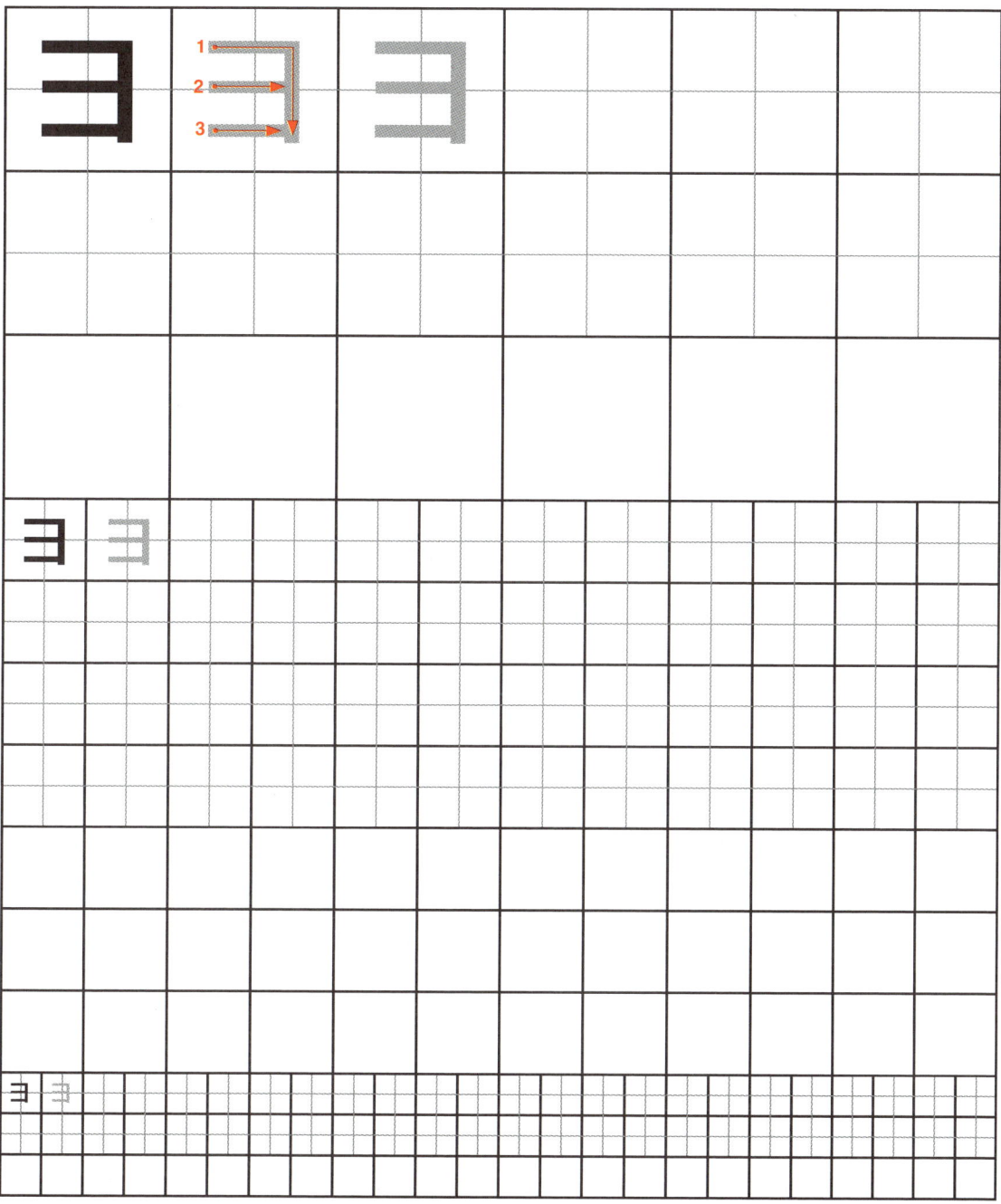

ウ u [ou]

タ ta

KATAKANA • 3 traits

チ chi [tchi]

サ sa

KATAKANA • 3 traits

ツ tsu [tsou]

モ mo

KATAKANA • 3 traits

Entraînement 3

Ne soyez pas surpris, n'oubliez pas que le japonais part toujours de la prononciation en langue d'origine. Mais l'impossibilité de conserver des suites de consonnes aboutit à créer quasiment un mot nouveau... proprement japonais.

kiui	*kiwi*	kiwi	キウイ			
misairu	*missile*	missile	ミサイル			
chikin	*chicken*	poulet	チキン			
kea	*care*	soin	ケア			
sarami	*salami*	salami	サラミ			
erekutoron	*electron*	électron	エレクトロン			
omuretsu	*omelette*	omelette	オムレツ			
hausu	*house*	maison	ハウス			
taiya	*tire*	pneu	タイヤ			
mokashin	*moccasin*	mocassin	モカシン			
mishin	*machine*	machine à coudre	ミシン			
tekuno	*techno*	musique techno	テクノ			
romansu	*romance*	romance	ロマンス			
ekonomisuto	*economist*	économiste	エコノミスト			
raion	*lion*	lion	ライオン			
tsuin	*twin*	double	ツイン			

Autodictée (pour ce, utilisez une feuille ou un cahier d'écolier) :

oashisu (*oasis* / oasis), **mosu** (*moth* / mite), **tenisu** (*tennis* / tennis), **yunion** (*union* / syndicat), **saiensu** (*science* / science), **miruku** (*milk* / lait), **oiru** (*oil* / pétrole), **eakon** (*air-con(ditioning)* / air conditionné), **erika** (*erika* / bruyère), **saron** (*salon* / salon), **eria** (*area* / aire), **sairen** (*siren* / sirène), **tsuna** (*tuna* / thon en conserve), **tekisuto** (*text* / texte), **haiteku** (*high tech* / haute technologie), **sakusesu** (*success* / succès), **hankachi** (*handkerchi(ef)* / mouchoir), **shikuramen** (*cyclamen* / cyclamen), **taoru** (*towel* / serviette de toilette), **monorisu** (*monolith* / monolithe), **atorie** (*atelier*), **shinamon** (*cinnamon* / cannelle), **kiro** (*kilo(metre), kilo(gram)* / kilomètre, kilogramme).

KATAKANA • 4 traits

ホ ho

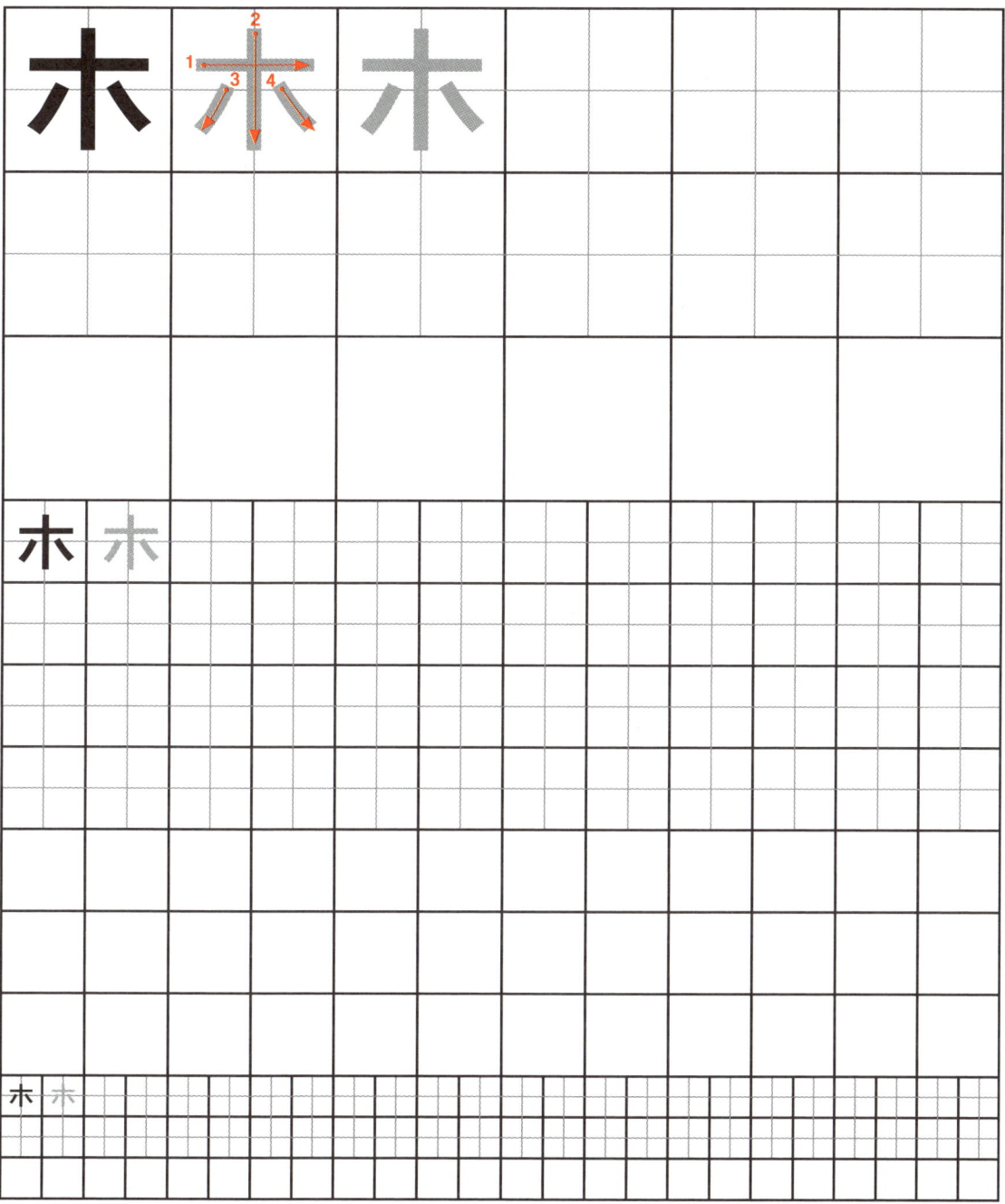

ネ ne [né]

Entraînement 4

KATAKANA • 4 traits

Certains sons n'existant pas en japonais, l'adaptation oblige à trouver un son proche. Parfois le résultat s'éloigne quelque peu... C'est le cas avec le **f**, comme vous le constaterez dans quelques mots de cet entraînement.

sakusohon	*saxophone*	saxophone	サクソホン			
mineraru	*mineral*	minéral	ミネラル			
moruhine	*morphine*	morphine	モルヒネ			
romanesuku	*romanesque*	style roman	ロマネスク			
anemone	*anemone*	anémone	アネモネ			
tonneru	*tunnel*	tunnel	トンネル			
hoteru	*hotel*	hôtel	ホテル			
ramune	*lemona(de)*	limonade	ラムネ			
rinen	*linen*	lin	リネン			
nekutai	*necktie*	cravate	ネクタイ			
neirukea	*nail care*	manucure	ネイルケア			
marine	*marinated*	mariné	マリネ			

Classement des katakana

Comme les hiragana, les katakana sont normalement présentés en tableau, en suivant le même principe (vous pouvez vous reporter à la page 63).

De la même façon, profitez-en pour vous tester et pour réviser. Entraînez-vous d'abord à recopier ce tableau, puis à le reconstituer par cœur. Revenez ensuite sur les katakana qui vous résistent, jusqu'à pouvoir écrire tout le tableau sans hésitation.

	(w)	(r)	(y)	(m)	(h)	(n)	(t)	(s)	(k)	
	wa ワ	ra ラ	ya ヤ	ma マ	ha ハ	na ナ	ta タ	sa サ	ka カ	a ア
		ri リ		mi ミ	hi ヒ	ni ニ	chi チ	shi シ	ki キ	i イ
		ru ル	yu ユ	mu ム	fu フ	nu ヌ	tsu ツ	su ス	ku ク	u ウ
		re レ		me メ	he ヘ	ne ネ	te テ	se セ	ke ケ	e エ
n ン		ro ロ	yo ヨ	mo モ	ho ホ	no ノ	to ト	so ソ	ko コ	o オ

Encore plus loin avec les katakana

Bien sûr, vous vous en doutez, pour certaines syllabes, on a le même processus que pour les hiragana. Les couples consonne sourde/consonne sonore sont les mêmes. Une différence cependant : si la série des syllabes avec **p** est très rarement utilisée dans le cas des hiragana, elle est au contraire d'usage courant dans le cas des mots écrits en katakana.

ガ				
ギ				
グ				
ゲ				
ゴ				
ザ				
ジ				
ズ				
ゼ				
ゾ				
ダ				
デ				

ド				
バ				
ビ				
ブ				
ベ				
ボ				
パ				
ピ				
プ				
ペ				
ポ				

KATAKANA • 4 traits

Entraînement 5

- Contrairement à ce qui se passe pour les mots japonais, dans les mots anglais (français, etc.), les consonnes sonores, comme **g**, **d**, **b**, **z** et **p** sont très fréquentes, et donc, savoir écrire les katakana avec les deux petits points ou le rond vous ouvre énormément de possibilités.

rentogen	*Röntgen**	rayons X	レントゲン				
ozon	*ozone*	ozone	オゾン				
botan	*button*	bouton	ボタン				
gifuto	*gift*	cadeau	ギフト				
modan	*modern*	moderne	モダン				
opera	*opera*	opéra	オペラ				
ereganto	*elegant*	élégant	エレガント				
orenji	*orange*	orange	オレンジ				
daibingu	*diving*	plongée	ダイビング				
beru	*bell*	sonnette	ベル				
epuron	*epron*	tablier	エプロン				
paipu	*pipe*	tuyau	パイプ				
gurume	*gourmet*	gourmet	グルメ				

* de l'allemand

- **Autodictée** (pour ce, utilisez une feuille ou un cahier d'écolier) :

yoga (*yoga*), **gia** (*gear* / embrayage), **yangu** (*young* / jeune), **gorufu** (*golf* / golf), **mozaiku** (*mosaic* / mozaïque), **enjin** (*engine* / moteur), **renzu** (*lens* / lentilles de contact), **esukarugo** (*escargot*), **posuto** (*post* / boîte à lettres) **zero** (*zero* / zéro), **piano** (*piano*), **damu** (*dam* / barrage), **demo** (*demo(nstration)* / manif), **gasolin** (*gasoline* / essence) **indoa** (*indoor* / d'intérieur), **baito** ((*ar)beit* / job), **biru** (*buil(ding)* / bâtiment), **kurabu** (*club* /club), **ibento** (*event* / événement), **bosu** (*boss* / patron), **resuringu** (*wrestling* / lutte), **pan** (*pão* /pain), **pinku** (*pink* / couleur rose), **rampu** (*lamp* / lampe), **pen** (*pen* / plume pour écrire), **poteto** (*potato* / pomme de terre), **rizumu** (*rhythm* / rythme), **dainigu** (*dining (room)* / salle à manger), **biza** (*visa*), **rabu** (*love* / amour), **beruto** (*belt* / ceinture), **pazuru** (*puzzle* / puzzle).

Écrire des phrases

- Les mots en katakana s'insèrent normalement dans les phrases, au milieu des hiragana.

わたし の にわ に エリカ と アネモネ を うえました。
わたし の にわ に エリカ と アネモネ を うえました。

watashi no niwa ni erika to anemone o uemashita
➜ J'ai planté dans mon jardin de la bruyère et des anémones.
(moi / [relation] / jardin / [lieu] / bruyère / et / anémones / [objet] / avoir planté)

フリマ で ふるい ミシン を みつけました。
フリマ で ふるい ミシン を みつけました。

furima de furui mishin o mitsukemashita
➜ J'ai trouvé une vieille machine à coudre au marché aux puces.
(marché aux puces / [lieu] / vieille / machine à coudre / [objet] / avoir trouvé)

ことし の なつ コルシカ で ダイビング を しました。
ことし の なつ コルシカ で ダイビング を しました。

kotoshi no natsu korushika de daibingu o shimashita
➜ Cet été j'ai fait de la plongée en Corse.
(cette année / [relation] / été / Corse / [lieu] / plongée / avoir fait)

この フランス の ワイン は とても おいしい です。
この フランス の ワイン は とても おいしい です。

kono furansu no wain wa totemo oishii desu
Ce vin français est délicieux.
(ce / France / [relation] / vin / très / délicieux / c'est)

- Pour aller plus loin, vous en avez l'habitude à présent, essayez d'écrire ces phrases sans regarder le modèle, en vous aidant uniquement de la transcription (pour ce, munissez-vous d'une feuille de papier ou d'un cahier d'écolier) !

KATAKANA • 4 traits

Écrire à la verticale

Et maintenant, petite cerise sur le gâteau ! Nous arrivons à la fin de ce cahier d'écriture, vous savez désormais tracer les hiragana et les katakana, alors, pour vous sentir vraiment Japonais, voici un peu d'écriture verticale ! N'oubliez pas, vous devez commencer par la colonne la plus à droite, puis poursuivre vers la gauche. Nous reprenons tout simplement ici les phrases des pages 66 et 121 ; que vous vous êtes déjà entraîné à écrire… mais dans l'autre sens !

けさ はやく おきます。やま へ いきます。まず、ふもと の むら まで あるきます。ちかい です。それから、やま を のぼります。やまにたけがあります。ひ が でました。

あき です。もみじ は とても うつくしい です。いわ の うえ に すわります。よる に なりました。そら に つき と ほし が みえます。うち に かえります。こ んばん はやく ねます。やま の ゆめ を みます。

わたし の にわ に エリカ と アネモネ を うえました。フリマ で ふるい ミシン を みつけました。ことし の なつ コルシカ で ダイビング を しました。この フラ ンス の ワイン は とても おいしい です。

L'heure du bilan

Voici venu le moment de faire le bilan de vos acquis, et de prévoir la suite…

Ce cahier a été entièrement consacré à l'acquisition des syllabaires de **kana** (**hiragana** et **katakana**). Et c'est un superbe travail. Bravo ! Mais… il ne faut pas s'arrêter là. Il y a encore beaucoup d'autres découvertes passionnantes. D'abord les **kanji** (caractères chinois), qui ont été laissés de côté, car ils demandent un apprentissage spécial. Un autre cahier, le volume 2, leur est presque exclusivement consacré. Nous vous y attendons. Et puis, nous n'en avons pas tout à fait fini avec les kana : il nous faudra y revenir un petit moment, et nous aurons l'occasion de le faire aussi dans le volume 2.

Pour l'heure, retenez ceci : dans l'introduction, nous vous expliquions la longue genèse des **kana** (**hiragana** et **katakana**). Nous avions vu qu'il y a, au début, une séparation entre les usages de la langue japonaise (vie quotidienne, littérature, poésie) et de la langue chinoise (administration, textes bouddhiques). Mais cette situation ne dure pas et, au fil du temps, de nombreux mots issus du chinois, quelque peu transformés sur le plan phonétique, vont devenir des mots courants de la langue japonaise.

À l'origine, les kana ont été mis au point pour écrire ce que l'on pourrait appeler du japonais « pur », dans lequel il n'existe que des syllabes simples : celles que nous décrivions au début (p. 8 et p. 9) et qui sont récapitulées dans les tableaux des pages 63 et 118.

L'étape suivante, c'est qu'avec l'introduction de nombreux mots chinois, même japonisés (on parle à ce propos de sino-japonais), se posent de graves problèmes de graphie. Les syllabaires, tels quels, ne vont plus suffire. Par exemple, les mots sino-japonais comportent souvent des voyelles longues. Or, tous les signes des syllabaires n'écrivent que des syllabes avec voyelles brèves. Comment écrire **tô** ou **kû** ? On a bien des kana **to** et **ku** mais la voyelle est toujours brève. Autre exemple : les mots sino-japonais sont composés très souvent de syllabes de structure (consonne + semi-consonne + voyelle = **kyo**, **kya**, **hyo**, **rya**, etc.). Il existe bien des kana pour **yo**, ou **ya**, mais aucun pour écrire la consonne seule : **k**, **h** ou **r**. Dernier exemple : dans les mots sino-japonais on trouve des syllabes consonne + voyelle, mais pour lesquelles il n'existe pas de kana (**sho**, **cha**, **shu**, **jo**, etc.). On pourrait écrire **o**, **a** et **u**, mais, comme précédemment, impossible d'écrire tout seul **sh**, **ch** ou **j**…

Les Japonais, qui ne sont jamais à court d'idées, ont élaboré petit à petit de nouvelles graphies pour toutes ces syllabes, en créant, non pas de nouveaux kana, mais de nouvelles utilisations des kana existants (comme pour les syllabes avec consonnes sonores, voir p. 64 et p. 119). Il est vrai que, normalement, un mot sino-japonais s'écrit en **kanji** (caractère chinois), mais il y a de nombreux cas où il s'écrit aussi en **kana** (par exemple dans les dictionnaires japonais !). **Vous connaissez à présent le matériau de base, il vous reste donc à découvrir, dans le volume 2, ces ingénieuses solutions trouvées par les Japonais !**

Un bonus pour les curieux

Lorsqu'on voit le système de classement des kana dans les tableaux, la première impression que l'on a, c'est qu'il a l'air tout à fait moderne. Et en effet, l'ordre dans lequel sont présentées les syllabes, aussi bien au niveau des lignes que des colonnes, satisferait tout à fait les phonéticiens d'aujourd'hui. Eh bien non, ce sont de très vieux tableaux.

Un tout petit peu d'histoire. Dès le VIIe siècle, commence chez les Japonais la grande époque des « ambassades » en Chine (qui va durer jusqu'à la fin du IXe siècle). Ce sont des groupes très nombreux, parfois des centaines de personnes, qui se risquent à une périlleuse traversée vers le continent. Le bouddhisme étant devenu, au VIIIe siècle, la religion officielle du pays, un grand nombre de moines font partie de ces expéditions. Ils en rapportent (quand ils arrivent à revenir !) de nombreux objets de culte et surtout des textes, dont un certain nombre en sanscrit. Les études du sanscrit deviennent incontournables et un des aspects en est la découverte des extraordinaires théories phonétiques élaborées en Inde dès le VIe siècle avant notre ère. C'est ce milieu des sanscritistes qui produit ces fameux tableaux. Eh oui…

Or, un peu plus tard, dans les milieux littéraires, se développe un petit jeu qui consiste à essayer de composer des poèmes utilisant chaque kana une seule fois. Un de ces poèmes a eu une longévité remarquable, puisqu'il sert encore de nos jours de principe de classement. Il a longtemps été l'abécédaire des enfants à l'école. Et aujourd'hui encore, dans des textes, là où nous ferions des paragraphes a) b) c) (petit a, petit b, petit c), les Japonais écrivent い) ろ) は) (petit **i**, petit **ro**, petit **ha**). Ils vont rarement au-delà… mais nous non plus ne dépassons pas si souvent le c) ! Le voici :

いろはにほへと	iro ha nihohedo	les couleurs pleines d'éclat
ちりぬるを	chirinuru wo	pourtant se défont
わかよたれそ	waga yo tare zo	dans notre monde
つねならむ	tsune naramu	qu'est-ce qui est constant ?
うゐのおくやま	uwi no okuyama	apparences, montagnes profondes,
けふこえて	kefu koete	qu'aujourd'hui je franchis
あさきゆめみし	asaki yume mishi	sans voir de vains rêves
ゑひもせす	wehi mo sezu	ni céder à l'ivresse

Nous sommes désolés de vous arracher à la méditation dans laquelle ce poème nous entraîne inévitablement, pour nous occuper de choses plus prosaïques ! À notre tour de jouer, donc. Page suivante, vous trouverez quelques tests qui vous permettront de vérifier si vous avez bien intégré tout ce que ce cahier vous proposait.

UN BONUS POUR LES CURIEUX

Tests

• **Lisez le poème de la page précédente.** Notez qu'il s'agit d'un poème en langue ancienne et qu'il est noté suivant l'orthographe de l'époque. Notez aussi que depuis, la langue a évolué. On y trouve donc certaines différences par rapport à notre usage actuel.

• **Test 1 :** le tableau de la page 63 présente 46 kana. Le poème en comporte 47. Ce n'est pas seulement qu'on en a un de plus, c'est plus subtil que cela. Où sont les différences entre le tableau et le poème ? Pour les trouver, sans vous référer au tableau, juste à l'aide de votre mémoire, cochez dans le poème les hiragana que vous avez appris. Et regardez le résultat. Petit coup de pouce : sachez qu'il y a trois différences.

• **Test 2 :** en comparant les kana et leur transcription, qu'est-ce que vous remarquez ?

• **Test 3 :** un dernier entraînement avec deux hiragana anciens. Le hiragana ゐ est fait de deux traits, le hiragana ゑ d'un seul trait. Ceux qui réussiront à écrire vraiment bien ce dernier hiragana, en un seul geste, pourront se considérer comme des champions !

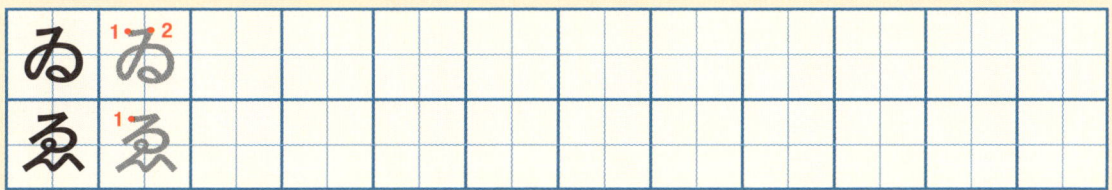

• **Encore une petite annexe :** et les katakana ? Là aussi, ont existé des katakana aujourd'hui abandonnés : les syllabes **wi** ヰ (4 traits), **we** ヱ (3 traits) et **wo** ヲ (3 traits). Pas de raison de les négliger : à vos crayons !

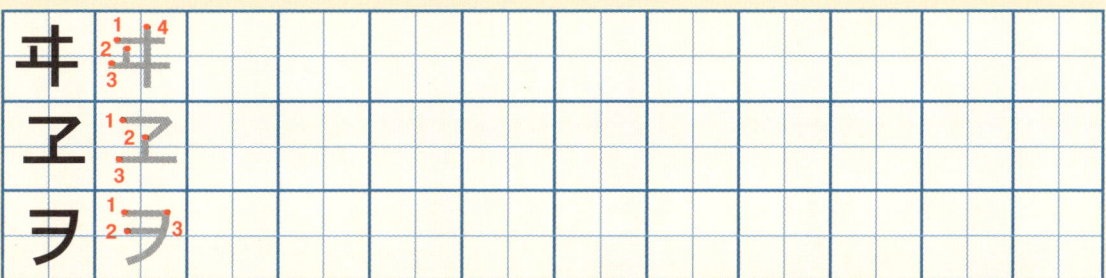

Non, il n'y a plus rien à sortir du chapeau. Ou alors il y aurait encore des montagnes de choses à dire sur l'histoire de la mise au point des kana. N'oublions pas qu'elle a pris plusieurs siècles...

Pour ceux qui veulent en savoir plus, quelques lectures (un livre et un article) :
– *Histoire de l'écriture – de l'idéogramme au multimédia*, sous la direction d'Anne-Marie Christin, Flammarion, réédition augmentée, 2012.
– « Histoire de l'écriture au Japon – Points de repère », Catherine Garnier, revue « Faits de Langues », n°17 Coréen-Japonais, 2001.

SOLUTIONS

Les hiragana

Entraînement 1 (p. 22)
shiru (savoir) しる, **tsuku** (arriver) つく, **noru** (monter) のる, **hiru** (le jour) ひる, **teru** (briller) てる, **kushi** (peigne) くし.

Entraînement 2 (p. 41)
soto (extérieur) そと, **umi** (mer) うみ, **sushi** (sushi) すし, **yuri** (lys) ゆり, **neru** (dormir) ねる, **kuwa** (mûrier) くわ, **nuno** (tissu) ぬの, **iro** (couleur) いろ.

Entraînement 3 (p. 56)
Autodictée : **masaka** (vraiment) まさか, **kama** (marmite) かま, **saka** (pente) さか, **nise** (faux, imitation) にせ, **kao** (visage) かお, **kasa** (parapluie) かさ.

Tableau : **niwa** (jardin) にわ, **mukashi** (autrefois) むかし, **semi** (cigale) せみ, **yomu** (lire) よむ, **himo** (ficelle) ひも, **oni** (monstre) おに, **warau** (rire) わらう.

Autodictée : **tora** (tigre) とら, **oyu** (eau chaude) おゆ, **uni** (oursin) うに, **wani** (crocodile) わに, **heya** (chambre, pièce) へや, **tera** (monastère) てら, **mune** (poitrine) むね, **oke** (baquet) おけ, **yowai** (faible) よわい, **ami** (filet) あみ, **chie** (sagesse) ちえ, **ume** (prune) うめ, **ue** (dessus) うえ, **yakeru** (brûler) やける, **sakan** (florissant) さかん, **kumo** (nuage ; araignée) くも, **machi** (ville) まち, **ashi** (pied, jambe) あし.

Entraînement 4 (p. 62)
Autodictée : **haru** (printemps) はる, **natsu** (été) なつ, **tsuki** (lune) つき, **hosoi** (mince) ほそい, **kitsune** (renard) きつね, **yuki** (neige) ゆき, **kiku** (chrysanthème) きく, **uta** (chanson, poème) うた, **hon** (livre) ほん, **tara** (morue) たら, **fumoto** (pied de la montagne) ふもと, **kishi** (rive) きし, **kiri** (brouillard) きり, **naka** (intérieur) なか, **heta** (maladroit) へた, **kaki** (kaki) かき, **hata** (drapeau) はた, **hokori** (orgueil) ほこり, **ukiwa** (bouée) うきわ, **toki** (temps) とき, **takai** (grand, cher) たかい, **tane** (noyau, graine) たね, **taru** (tonneau) たる, **fuku** (souffler) ふく, **yakitori** (brochettes de poulet) やきとり, **hone** (os) ほね, **nawa** (corde) なわ.

Entraînement 5 (p. 65)
Autodictée : **taberu** (manger) たべる, **asobu** (se distraire) あそぶ, **ido** (puits) いど, **hige** (barbe) ひげ, **kubi** (cou) くび, **yabu** (fourré) やぶ, **soba** (nouilles de sarrasin) そば, **subete** (tout/tous) すべて, **ago** (menton) あご, **negi** (oignon) ねぎ, **hiza** (genou) ひざ, **kagami** (miroir) かがみ, **nugu** (ôter un vêtement) ぬぐ, **toge** (épine) とげ, **majime** (sérieux) まじめ, **wabishii** (triste) わびしい, **yuderu** (cuire à l'eau) ゆでる, **sode** (manche de vêtement) そで, **hobo** (presque) ほぼ, **kazoeru** (compter) かぞえる, **eda** (branche d'arbre) えだ, **naze** (pourquoi ?) なぜ, **kiji** (faisan) きじ, **chigai** (différence) ちがい, **mugi** (blé) むぎ, **hageshii** (violent) はげしい, **kago** (panier) かご, **mazu** (d'abord) まず, **mada** (pas encore) まだ.

Écrire des phrases (p. 66)
Traduction : **Ce matin je me lève tôt** (ce matin / tôt / se lever). **Je vais à la montagne** (montagne / [direction] / aller). **D'abord, je marche jusqu'à un village au pied de la montagne** (d'abord / pied de la montagne / [relation] / village / jusqu'à / marcher). **Ce n'est pas loin** (proche / c'est). **Puis, je grimpe sur la montagne** (puis / montagne / [objet] / grimper). **Sur la montagne, il y a des bambous** (montagne / [lieu] / bambou / [sujet] / se trouver). **Le soleil est levé** (soleil / [sujet] / être sorti). **C'est l'automne** (automne / c'est). **Les feuillages sont magnifiques** (feuillages d'automne / [thème] / très / magnifique / c'est). **Je m'assois sur un rocher** (rocher / [relation] / dessus / [lieu] / s'asseoir). **Il fait nuit** (nuit / [but] / être devenu). **Dans le ciel on voit la lune et des étoiles** (ciel / [lieu] / lune / et / étoiles / [sujet] / être visible). **Je rentre à la maison** (maison / [but] / rentrer). **Ce soir je vais me coucher tôt** (ce soir / tôt / se coucher). **Je vais rêver de la montagne** (montagne / [relation] / rêve / [objet] / voir).

Les katakana

Entraînement 1 (p.83)
Autodictée : **furu** (*full* / plein) フル, **herukaku** (*heal(thy) cock(tail)* / jus de fruits et légumes) ヘルカク, **koruto** (*colt* / colt) コルト, **sutoa** (*store* /

SOLUTIONS

magasin) ストア, **risuto** (*list* / liste) リスト, **rea** (*rare* / rare) レア, **aria** (*aria*) アリア, **kosuto** (*cost* / coût) コスト, **resu** (*res(ponse)* / réponse à un mail) レス, **konma** (*comma* / virgule) コンマ, **kuria** (*clear* / clair) クリア, **amaririsu** (*amaryllis* / amaryllis) アマリリス, **ankuru** (*anchor* / ancre ; *uncle* / oncle ; *ankle* / cheville) アンクル, **kurinorin** (*crinoline*) クリノリン, **manto** (*manteau*) マント, **hea** (*hair* / cheveux) ヘア, **riaru** (*real* / vrai) リアル, **riarisuto** (*realist* / réaliste) リアリスト.

Entraînement 2 (p. 98)

Autodictée : **meiku** (*make (up)* / maquillage) メイク, **wain** (*wine* / vin) ワイン, **raito** (*light* / allégé) ライト, **naifu** (*knife* /couteau) ナイフ, **haiku** (*hik(ing)* / auto-stop) ハイク, **infure** (*infla(tion)* /inflation) インフレ, **ananasu** (*ananas* / ananas) アナナス, **rain** (*line* / ligne) ライン, **hire** (*filet (de bœuf)*) ヒレ, **inkamu** (*income* / revenus) インカム, **hareruya** (*hallelujah* / alléluia) ハレルヤ, **naisu** (*nice* / excellent) ナイス, **rafu** (*rough* / mal dégrossi) ラフ, **sentoraru** (*central* / central) セントラル, **raisu** (*rice* / riz) ライス, **wanisu** (*varnish* /vernis) ワニス, **toire** (*toile(t)* / les toilettes) トイレ, **anime** (*anima(tion)* / films d'animation) アニメ.

Entraînement 3 (p. 114)

Autodictée : **oashisu** (*oasis* / oasis) オアシス, **mosu** (*moth* / mite) モス, **tenisu** (*tennis* / tennis) テニス, **yunion** (*union* / syndicat) ユニオン, **saiensu** (*science* / science) サイエンス, **miruku** (*milk* / lait) ミルク, **oiru** (*oil* / pétrole) オイル, **eakon** (*air-con(ditioning)* / air conditionné) エアコン, **erika** (*erika* / bruyère) エリカ, **saron** (*salon*) サロン, **eria** (*area* / aire) エリア, **sairen** (*siren* / sirène) サイレン, **tsuna** (*tuna* / thon en conserve) ツナ, **tekisuto** (*text* / texte) テキスト, **haiteku** (*high tech* / haute technologie) ハイテク, **sakusesu** (*success* / succès) サクセス, **hankachi** (*handkerchi(ef)* / mouchoir) ハンカチ, **shikuramen** (*cyclamen* / cyclamen) シクラメン, **taoru** (*towel* / serviette de toilette) タオル, **monorisu** (*monolith* / monolithe) モノリス, **atorie** (*atelier*) アトリエ, **shinamon** (*cinnamon* / cannelle) シナモン, **kiro** (*kilo(metre)*, *kilo(gram)* / kilomètre, kilogramme) キロ.

Entraînement 5 (p. 120)

Autodictée : **yoga** (*yoga*) ヨガ, **gia** (*geer* / embrayage) ギア, **yangu** (*young* / jeune) ヤング, **gorufu** (*golf* / golf) ゴルフ, **mozaiku** (*mozaic* / mozaïque) モザイク, **enjin** (*engine* / moteur) エンジン, **renzu** (*lens* / lentilles de contact) レンズ, **esukarugo** (*escargot*) エスカルゴ, **posuto** (*post* / boîte à lettres) ポスト, **zero** (*zero* / zéro) ゼロ, **piano** (*piano*) ピアノ, **damu** (*dam* / barrage) ダム, **demo** (*demo(nstration)* / manif) デモ, **gasolin** (*gasoline* / essence) ガソリン, **indoa** (*indoor* / d'intérieur) インドア, **baito** (*(ar)beit* / job) バイト, **biru** (*buil(ding)* / bâtiment) ビル, **kurabu** (*club* / club) クラブ, **ibento** (*event* / événement) イベント, **bosu** (*boss* / patron) ボス, **resuringu** (*wrestling* / lutte) レスリング, **pan** (*pão* / pain) パン, **pinku** (*pink* / couleur rose) ピンク, **rampu** (*lamp* / lampe) ランプ, **pen** (*pen* / plume pour écrire) ペン, **poteto** (*potato* / pomme de terre) ポテト, **rizumu** (*rythm* / rythme) リズム, **dainigu** (*dining* / salle à manger) ダイニング, **biza** (*visa*) ビザ, **rabu** (*love* / amour) ラブ, **beruto** (*belt* / ceinture) ベルト, **pazuru** (*puzzle*) パズル

Tests (p. 125)

Test 1 : il y a un hiragana en moins et deux en plus. On ne trouve pas le hiragana **n** ん, qui a été inventé plus tard, quand on en a eu besoin pour noter les mots sino-japonais. Et deux hiragana ne sont plus usités de nos jours, car ils correspondent à des syllabes qui n'existent plus dans la langue : les syllabes **wi** ゐ (ligne 5) et **we** ゑ (dernière ligne).

Test 2 : dans la transcription, qui correspond à la prononciation réelle, on trouve des syllabes avec consonnes sonores : **do** (ligne 1), **ga** et **zo** (ligne 3), **zu** (dernière ligne), et pourtant les kana qui notent ces syllabes n'ont pas les deux petits points (cf p. 64). Là encore, les deux points sont une invention ultérieure.

Création et réalisation : MediaSarbacane

© 2013, Assimil
N° d'édition : 3871 - avril 2019
ISBN : 978-2-7005-0613-6

www.assimil.com

Imprimé en Slovénie par DZS